W0190863

Herbert Forster · Philip Janda

Stress abbauen mit ROME®

Herbert Forster · Philip Janda

Stress abbauen mit ROME®

In vier Schritten zu Wohlbefinden
und Leistungsfähigkeit:

Relaxation
Organisation
Mentale Kompetenz
Energetisierung

Inklusive Audio-Workshop

humboldt

Bibliografische Information der Deutschen Nationalbibliothek
Die Deutsche Nationalbibliothek verzeichnet diese Publikation in der Deutschen Nationalbibliografie; detaillierte bibliografische Daten sind im Internet über http://dnb.ddb.de abrufbar.

ISBN 978-3-86910-490-4 (Print)
ISBN 978-3-86910-576-5 (PDF)
ISBN 978-3-86910-575-8 (EPUB)

Die Autoren:
Herbert Forster absolvierte sein Studium der Sportwissenschaften in den Vereinigten Staaten und erlangte seinen MBA an der IESE, Universidad de Navarra in Barcelona, Spanien. Als Leistungssportler konnte er fünf deutsche Amateurmeistertitel gewinnen. Er ist sportpsychologischer Experte des Bundesinstitutes für Sportwissenschaft (BISP) und Mentaltrainer der deutschen Jungen-Golf-Nationalmannschaft. Als Geschäftsführer von FITFIRM! leitet er zahlreiche Seminare und berät Firmen und Einzelpersonen in den Bereichen Stressmanagement und Mentales Training.
Dr. med. Philip Janda studierte Humanmedizin an der Ludwig-Maximilians-Universität München und an der Karls-Universität in Prag. Er ist Facharzt für Hals-Nasen-Ohren-Heilkunde, führt die Zusatzbezeichnungen „Arzt für Naturheilverfahren" sowie „Arzt für Prävention und Anti-Aging Medizin" und ist anerkannter Stressexperte. Er arbeitet als niedergelassener Arzt in München und ist ebenfalls FITFIRM! Geschäftsführer. Neben seiner Tätigkeit am Patienten hält er zahlreiche Seminare in den Fachgebieten Stressmanagement und Prävention.

Originalausgabe

Eine Marke der Schlüterschen Verlagsgesellschaft mbH & Co. KG,
Hans-Böckler-Allee 7, 30173 Hannover
www.schluetersche.de
www.humboldt.de

Lektorat:	Angelika Lenz, Steinheim a. d. Murr
Covergestaltung:	DSP Zeitgeist GmbH, Ettlingen
Innengestaltung:	akuSatz Andrea Kunkel, Stuttgart
Titelfoto:	Getty Images/Bob Elsdale
Satz:	PER Medien+Marketing GmbH, Braunschweig
Druck:	Grafisches Centrum Cuno GmbH & Co. KG, Calbe

Hergestellt in Deutschland.

Inhalt

Entspannung für die Ohren

Dieses Buch wird von einem Audio-Workshop begleitet. Sie finden in vielen Kapiteln einen Kasten mit einem QR-Code (QR = Quick Response) und einen Link zu unserer Webseite www.romesystem.de, auf der Sie weitere Informationen und vor allem MP3-Dateien finden werden:

www.romesystem.de

Über diesen QR-Code und Link kommen Sie auf die mobile Webseite zum Buch. Dort finden Sie viele Audio-Workshops, die Sie gratis nutzen können.

Wie funktioniert das Ganze? Ganz einfach: Sie können den Link in das Browserfenster Ihres PCs oder Notebooks eingeben, um sich die Audiodateien anzuhören. Wenn Sie sich das Tippen sparen und sich alles über Ihr internetfähiges Kamera-Handy oder Smartphone anhören möchten, können Sie den QR-Code nutzen.

Dazu halten Sie das Display Ihres Smartphones über den Code, fotografieren/scannen diesen und schon erscheint die Internetseite. (Zum Scannen der QR-Codes ist auf den meisten Smartphones die Reader-Software bereits vorinstalliert, andernfalls können Sie sich diese aus dem Internet herunterladen; siehe Herstellerangaben. Für iPhone und iPad z. B. unter http://itunes.apple.com/de/app/scan/id411206394?mt=8.)

Sollte Ihr Handy nicht standardmäßig über einen QR-Code-Reader verfügen, finden Sie unter anderem auf www.neoreader.com oder www.i-nigma.com kostenlose Reader-Software. Achtung: Nicht für alle Handymodelle ist ein geeigneter QR-Code-Reader verfügbar.

Vorwort

Liebe Leserin, lieber Leser,

Leistungsdruck und Stress bestimmen zunehmend unsere Gesellschaft. Immer mehr Menschen fühlen sich gehetzt, müde und ausgebrannt. Wir fügen uns den täglichen Aufgaben, merken aber langsam, wie es uns anstrengt.

Wer kennt dieses Gefühl nicht? Kaum haben wir eine Sache geschafft, kommt schon die nächste. Viele von uns fragen sich zu Recht: Hat das je ein Ende? Wie komme ich aus dieser Mühle endlich heraus? Und zwar dauerhaft, nicht nur im Urlaub! Ist das überhaupt möglich, ohne gleichzeitig weniger Leistung zu bringen?

In unserer langjährigen Erfahrung als Arzt beziehungsweise Mentalcoach sind wir in unserer eigenen Praxis und bei zahlreichen Firmenkunden vielen sehr interessanten Menschen begegnet, die sich diese und ähnliche Fragen gestellt haben.

Die meisten kamen mit dem Wunsch nach Veränderung zu uns. Sie suchten nach einem Weg, um dem Stress die Stirn zu bieten. Vor allem suchten sie effektive Methoden, die im Alltag wirklich umsetzbar sind.

Von der individuellen Arbeit mit diesen Menschen konnten wir viel lernen. Diese Erfahrungen haben wir gesammelt, diskutiert und in das ROME-System integriert.

Das ROME-System ist eine einfache und strukturierte Methodik, die wir entwickelt haben, um den Umgang mit Stress zu erleichtern. Wir haben festgestellt, dass diese Methode funktioniert, und uns deshalb entschlossen, ein Buch darüber zu schreiben. Dieses soll Ihnen die wichtigsten Aspekte aufzeigen, mit denen Sie sich besser gegen Stress und Druck wappnen können.

Dabei ist die praktische Umsetzbarkeit gesichert. Wir beschreiben ausschließlich Techniken, die sich bei unseren Klienten bewährt haben und für jedermann erlernbar sind. Die verwendeten Fallbeispiele stammen aus unserer täglichen Arbeit. Natürlich sind alle Beispiele anonym gehalten. Trotzdem haben wir von unseren Klienten vor der Veröffentlichung des Buches eine Erlaubnis für die Nennung dieser Beispiele eingeholt. Da dies sehr unkompliziert war, möchten wir uns an dieser Stelle bei unseren Klienten bedanken, die uns in unserer Arbeit inspirieren. Genauso danken wir unseren Familien und Freunden, die uns stets mit Rat und Tat zur Seite standen und uns bei der Ausarbeitung dieses Buches intensiv unterstützt haben.

Wir wünschen Ihnen nun viel Freude beim Lesen und erhoffen uns, dass jeder, der dieses Buch in die Hand nimmt, seinen eigenen schönen und (ent-)spannenden Weg der Veränderung gehen wird.

Dr. med. Philip Janda
Herbert Forster

Für wen ist dieses Buch geschrieben?

Dieses Buch spricht diejenigen Menschen an, die in ihrem Leben etwas verändern wollen. Die hierfür aber nicht besonders viel Zeit haben. Und die auch nicht ihr Leben komplett umkrempeln können. Es orientiert sich an der Realität unseres Alltags. Es zeigt, dass jeder es schaffen kann, ein ausgeglichenes, glückliches und gesundes Leben zu führen, ohne andauernd gestresst zu sein. Und dabei trotzdem erfolgreich in seinem Beruf zu agieren und Zeit für seine Familie und seine Interessen zu haben.

Vielleicht haben auch Sie sich schon des Öfteren folgende Fragen gestellt: „Müssen wir uns das wirklich jeden Tag antun? Gibt es da nicht etwas anderes, das uns glücklich machen könnte?"

Die Antwort hierauf lautet eindeutig „Ja", auch ohne dass wir unser normales Leben vollständig aufgeben müssen. Wir sind nicht genötigt, unseren Job zu kündigen und unser Land zu verlassen, um das Glück irgendwo in der Ferne zu suchen. Unsere Zivilisation schreibt nun einmal bestimmte Muster vor, die wir ohne Verluste nicht so leicht durchbrechen und hinter uns lassen können. Allerdings müssen wir das auch gar nicht, denn diese Muster sind gar nicht so unsinnig, wie wir denken, sondern häufig sogar von Vorteil.

Erfüllt einen wirklich die Strandbar in der Ferne, die man irgendwann eröffnet und von der viele Menschen träumen, wenn sie aus dem täglichen Leben ausbrechen wollen? Machen einen belanglose Gespräche und betrunkene Touristen auf die Dauer glücklich? Findet man durch einen monatelangen Aufenthalt in einem buddhistischen Kloster tatsächlich seine Bestimmung, obwohl man mit dieser Philosophie nicht aufgewachsen ist und vieles nicht einmal im Ansatz versteht?

Glück und Ausgeglichenheit zu finden ist viel leichter, als wir glauben, denn sie stecken in uns drin. Sie müssen nur von uns selbst gesucht, gefunden und aktiviert werden. Ob wir glücklich sind, liegt also allein in unserer Hand und kann von uns beeinflusst werden. Den Schlüssel hierfür liefern wir Ihnen mit dem in diesem Buch beschriebenen ROME-System.

ROME: Unser Erfolgs-programm gegen Stress

Stress kann unseren Körper und unsere Seele krank machen – die Bandbreite reicht von Gereiztheit bis hin zum Burn-out-Syndrom. Die Lösung liegt jetzt aber nicht darin, den Stress abzuschaffen, denn Stress werden wir immer haben. Doch wir können lernen, wirkungsvoll damit umzugehen und unsere persönlichen Ressourcen sinnvoll zu nutzen.

Stress – vom Lebensretter zum Krankmacher

Stress diente in Urzeiten dazu, in einer Gefahrensituation die richtige Entscheidung zu treffen und, wenn nötig, in einen Kampf mit einem bedrohlichen Tier zu treten oder aber schnellstens zu fliehen. In so einem Zustand produzierte der Körper sehr rasch eine Kaskade von Stresshormonen (Adrenalin, Noradrenalin und Kortisol), die der überlebenswichtigen Aktivierung unterschiedlicher Körperfunktionen diente. Auf diese Art und Weise konnte Stress Leben retten.

Obwohl wir in unserer Zivilisation heute meist keinen vergleichbaren Gefahrensituationen mehr ausgesetzt sind, haben wir diese entwicklungsphysiologischen Mechanismen beibehalten und zeigen in Stresssituationen noch immer die gleichen heftigen Reaktionen. Auslöser sind oft unsere vielen Termine und Aufgaben, die wir in kürzester Zeit erledigen müssen. Anders als der Urzeitmensch, der seinen Stress durch Kampf oder Flucht abbauen konnte, leben wir in beengten Räumen und bewegen uns in der Regel zu wenig. So sammelt sich Stress im wahrsten Sinne im Körper an und wird damit vom Lebensretter zum Krankmacher. Doch was genau geschieht in unserem Körper, wenn wir unter Stress stehen?

Im menschlichen Körper gibt es zwei physiologische Achsen, die bei Stress aktiviert werden und durch die unsere typischen Reaktionen in Drucksituationen erklärt werden können.

1. Blitzstress – die Sympathikus-Nebennierenmark-Achse (SNM-Achse)

Die Auswirkung dieser physiologischen Reaktion bemerken wir vor allem dann, wenn wir ein Ereignis erleben, das uns unmittelbar bedrohlich erscheint. Dies kann beispielsweise ein drohender Auffahrunfall sein, ein Vortrag vor einem wichtigen Kunden, ein Zwiegespräch mit dem Vorgesetzten etc. Dann spüren wir den typischen „Adrenalin-Schock", wie der Volksmund sagt. Der Körper wird in einen Alarmzustand versetzt und der im Gehirn liegende Mandelkern (*Amygdala*) wird aktiviert. Dieser schüttet den Botenstoff Glutamat aus und erregt den blauen Kern (*Locus coeruleus*). Hierdurch werden emotionale Gefühle wie Wut und Angst hervorgerufen, während gleichzeitig der Sympathikus des vegetativen Nervensystems eine Ausschüttung der Botenstoffe Adrenalin und Noradrenalin an den Nervenendigungen und im Nebennierenmark bewirkt. Wir werden blitzschnell aktiviert, unsere Energie im Körper steigt an und wir sind zum Kampf oder zur Flucht bereit. Die Muskelkraft und -dehnbarkeit erhöhen sich, das Herz beginnt schneller zu schlagen („es schlägt bis zum Hals"), der Blutdruck steigt, die Atmung wird schneller („es bleibt einem die Luft weg"), es wird einem warm, man fängt an zu schwitzen und der Mund wird trocken („es bleibt einem die Spucke weg"). Weiterhin wird auch die Blutgerinnung nach oben reguliert, damit man bei einer eventuellen Verletzung nicht so schnell verblutet. Das Immunsystem wird kurzfristig gestützt, denn Krankheit kann man sich in einer bedrohlichen Situation nicht erlauben.

All das passiert blitzschnell in Bruchteilen einer Sekunde! Während diese Vorgänge in wirklichen Gefahrensituationen zum Teil überlebensnotwendig sind, werden sie häufig auch in Situationen in Gang gesetzt, wenn unser Leben nicht bedroht ist. „Unnötige" Auslöser hierfür können eine Flut von E-Mails und Telefonanrufen, die immer mehr Arbeit bringen, soziale Konflikte oder auch nur unsere eigenen Gedanken und Sorgen sein.

Nach einer solchen Stressphase benötigen wir eigentlich Ruhepausen, die uns von dem hohen Energieniveau wieder herunterbringen. Der Urzeitmensch hat durch Kampf oder Flucht seine aufgestaute Energie wieder abgebaut und sich erholt. Aber wie sieht es mit uns aus? Wir fressen alles in uns hinein und geben dadurch dem Körper das Signal, dass der Stress wohl noch für längere Zeit anhalten wird.

Die Aktivierung des Mandelkerns im Gehirn wird dadurch aufrechterhalten und dieser bildet weiterhin aktivierende Botenstoffe (Glutamat), die nun andere Hirnareale wie den Hypothalamus, das limbische System und die Großhirnrinde erreichen und erregen. Die Situation erscheint für den Betroffenen nicht mehr kontrollierbar und parallel wird die zweite Stressachse aktiviert.

2. Dauerstress – die Hypothalamus-Hypophysen-Nebennierenrinden-Achse (HHNR-Achse)

Durch die Aktivierung des Hypothalamus wird eine ganze Reihe von hormonellen Ausschüttungen in Gang gesetzt. Das im Hypothalamus gebildete Corticotropin-releasing Hormon (CRH) gelangt über das

Blut zur Hypophyse, die wiederum das Adrenocorticotrope Hormon (ACTH) freisetzt. Dieses flutet dann über die Blutbahn zur Nebenniere an, wo das Signal zur Bildung von Kortisol gegeben wird. Der Körper wird auf eine länger anhaltende Stressphase eingestellt, die durch das Kortisol kompensiert werden kann.

Kortisol besitzt eine entzündungshemmende und immunmodulierende Wirkung und ist überdies ein sehr wichtiger Energielieferant. Durch die Regulierung des Blutzuckerspiegels stellt es die notwendige Versorgung der Körperzellen sicher. In sehr stressigen Zeiten benötigen wir viel Energie. Deshalb wird das Kortisol über eine längere Zeit hochreguliert und wir erhalten einen natürlichen Antrieb. Die Nebennierenrinde muss dann deutlich mehr arbeiten. Die höchsten Spiegel produziert der Körper am Morgen gegen 6 Uhr und im Laufe des Tages sinkt der Wert dann ab, sodass der niedrigste Wert in der Regel in der Nacht gemessen wird. Dadurch kommen wir am Morgen gut aus dem Bett und zeigen am Abend eine eher geringere Aktivität.

Die Kortisolwerte sind daher ein sehr wichtiger medizinischer Parameter, der im Blut oder Speichel gemessen werden kann. Sehr gestresste Menschen zeigen anfangs häufig über den Tag verteilt deutlich erhöhte Kortisolwerte, da sich der Körper an die Stresssituation anpasst und versucht, dies auszugleichen. Nach einer sehr langen Zeit der Verausgabung und Kompensation kann es passieren, dass die Nebennierenrinde plötzlich die Produktion des Kortisols drastisch reduziert und im Extremfall fast gar nichts mehr ausschüttet. Der Antrieb fällt weg, der Patient rutscht in eine Erschöpfung und manchmal sogar in ein Burn-out. Die Nebennieren sind regelrecht ausgebrannt und das bekommt der Mensch deutlich zu spüren. Weiterhin unterliegt die Kortisolbildung einem sogenannten Memory-Effekt, was bedeutet, dass die Werte über einen Zeitraum von ca. zwei Monaten relativ konstant bleiben. Deshalb sind diese Werte sehr aussagekräftig und spiegeln einen längeren Zeitraum der Belastung wider.

Stress ist messbar

Bei allen unseren Klienten und Patienten führen wir grundsätzlich eine Bestimmung der Stressparameter im Blut oder Speichel und Urin durch. Hierbei messen wir die Botenstoffe und Hormone der ersten und zweiten Stressachse und zusätzlich auch noch „Kompensationsstoffe" wie das Serotonin. Serotonin gleicht den Menschen aus, gibt ihm ein Glücksgefühl und kann in sehr stressigen Zeiten als Reserve oder Puffer vom Körper herangezogen werden.

Somit können wir bestimmen, wie der Körper des Patienten die aktuelle Belastungssituation wahrnimmt (z. B. starke Anspannung, Erschöpfung etc.) und wie hoch seine Ausgleichsmechanismen sind. Dies ist sehr wichtig, denn häufig schätzen die Klienten ihre aktuelle Situation und die Reaktion ihres Körpers falsch ein. Viele meinen, dass sie zwar Stress haben, ihr Körper aber noch nichts davon bemerke. Und genau hier täuschen sich die meisten! Denn der Körper reagiert schon viel früher auf Belastungssituationen, als man gemeinhin glaubt. Es besteht die Gefahr, die Balance zu verlieren. Durch Kenntnis dieser Werte wird es also im Sinne der Prävention schon frühzeitig möglich, darauf zu reagieren, und nicht erst, wenn „das Kind in den Brunnen gefallen ist".

Weiterhin lassen sich durch Kenntnis der Messwerte auch die Arten des vorhandenen Stresses unterscheiden. Denn Stress ist nicht gleich Stress! Es kann sogar sein, dass zwei Menschen subjektiv das gleiche Stressgefühl beschreiben, aber komplett unterschiedliche Messwerte aufweisen. Hierbei kann sich der eine beispielsweise auf einem sehr hohen Aktivitätsniveau befinden und der andere in der Erschöpfung.

Darauf aufbauend können die richtige medizinische Hilfe sowie die passenden Maßnahmen des ROME-Systems eingeleitet werden.

Dieser Hormon- und Neurotransmittertest kann bei einem auf Stressmedizin spezialisierten Arzt durchgeführt werden. Informationen hierzu erhalten Sie auch unter www.fitfirm.de.

Dauerstress macht krank

Diese physiologischen Reaktionen sind absolut normal und an sich nicht krankhaft. Sie werden es allerdings, wenn sich Dauerstress einstellt und man es nicht mehr schafft, zwischendurch Erholung zu finden und abzuschalten.

Dauerstress kann zu ernsthaften Erkrankungen führen wie:

- Herzinfarkt
- hoher Blutdruck
- Hauterkrankungen (Neurodermitis)
- Tinnitus (Ohrgeräusche)
- Hörsturz
- Rückenprobleme
- Unfruchtbarkeit
- Depressionen
- Angststörungen
- Burn-out

Dies zeigen statistische Zahlen aus ganz Europa. Bereits 60 Prozent der Fehltage gehen auf das Konto von Stress und jeder zweite Manager zeigt eine wohl stressbedingte Erhöhung des Blutdrucks. Weiterhin sind die seelischen Leiden am Arbeitsplatz (meist stressbedingt) in den letzten Jahren signifikant angestiegen. Damit ist dieses Phänomen bereits zu einer Volkskrankheit geworden und stellt mit jährlichen Ausgaben in Milliardenhöhe eine volkswirtschaftlich wichtige Größe dar.

Das Burn-out-Syndrom

Das Burn-out-Syndrom bezeichnet einen Zustand der absoluten Erschöpfung, in dem man seelisch und körperlich „ausgebrannt“ ist. Die Betroffenen fühlen sich leer und müde und sehen keinen Sinn mehr in ihrer Arbeit und ihrem Leben. Sie haben keinen Antrieb mehr und ziehen sich aus der Gesellschaft zurück. Häufig ist diesem Zustand eine sehr lange und chronische Stressbelastung vorausgegangen. Das Burn-out-Syndrom gleicht von seinen Symptomen her einer Depression und wird deshalb häufig als Synonym hierfür verwendet.

In den Medien und der Arbeitswelt taucht der Begriff aus unterschiedlichen Gründen derzeit immer häufiger auf. Zum einen steigt die Arbeitslast und damit Belastung des Einzelnen im Beruf tatsächlich deutlich an. Wir sind durch Medien wie Handy und E-Mail dauernd erreichbar und können nur noch schwer abschalten. Viele können dem Druck nicht standhalten und entwickeln seelische Erkrankungen.

Zum anderen avanciert der Begriff Burn-out derzeit zu einem Modewort. Man hat das Gefühl, dass es viele Betroffene einfach schicker und gesellschaftsfähiger finden zuzugeben, dass sie ein Burn-out haben statt einer Depression. Tatsächlich gibt es derzeit noch keine offizielle medizinische Hauptdiagnose für das Burn-out. Studien müssen erst bestätigen, ob sich ein Burn-out von den Symptomen und Messparametern überhaupt von einer Depression unterscheiden lässt.

Wie dem auch sei, ein Mensch mit einem Burn-out muss sehr gründlich und intensiv behandelt werden, damit er irgendwann wieder in sein normales Leben und die Arbeit eingegliedert werden kann. Meist muss er mehrere Monate krankgeschrieben werden. Auch anschließend braucht er regelmäßige ärztliche und psychologische Betreuung.

Erkennen Sie Ihr individuelles Stressprofil

Definitionsgemäß bezeichnet Stress einen subjektiven Zustand, der daraus entsteht, dass man sich nicht in der Lage sieht, eine zeitlich nahe, lang andauernde und unangenehme Situation zu meistern. Man findet keinen Ausweg und befürchtet somit, die Kontrolle über die

Dinge zu verlieren. Durch diese entstehende Bedrohung werden die oben beschriebenen physiologischen Abläufe in Gang gesetzt.

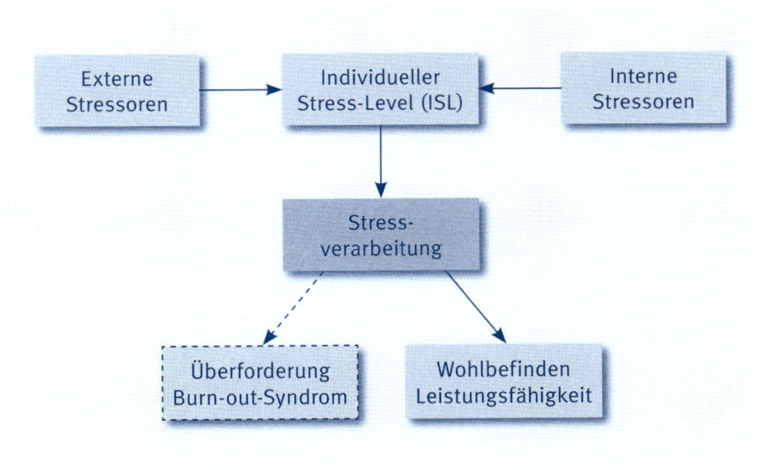

Abb. 1: Das Individuelle Stress-Profil (ISP)

Wie Abbildung 1 veranschaulicht, entsteht Stress durch unterschiedliche Einflussfaktoren. So wirken einerseits externe (äußere) Stressoren wie Zeitmangel, mangelhafte Organisation und aufreibende Arbeitsplatzbedingungen auf uns ein. Andererseits kämpfen wir mit internen (inneren) Stressoren, welche durch Anforderungen an uns selbst entstehen und stressverstärkende Denkmuster hervorrufen. Dadurch werden Bedürfnisse, Wünsche und Ziele zu absoluten Forderungen erhoben und ein „Muss-Denken" entwickelt. Typisch hierfür sind beispielsweise die Tausendprozentigkeit („sei perfekt"), der Wunsch, von allen geliebt zu werden („sei beliebt"), und der Anspruch, keine Schwächen zu zeigen („sei stark").

Das Maß aller externen und internen Stressoren bestimmt die Höhe des individuellen Stress-Levels (ISL).

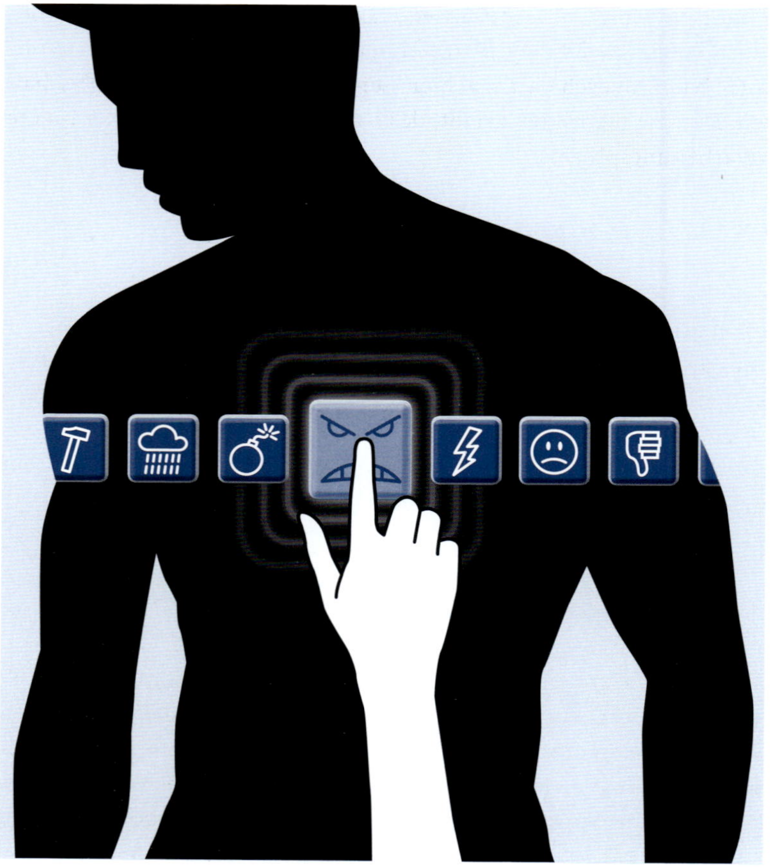

Abb. 2: Externe und interne Stressoren und ihre Interaktion im Menschen

Dabei können wir uns die internen Stressoren als Knöpfe vorstellen, die wir in uns tragen. Die externen Stressoren repräsentieren alle Situationen oder Impulse, die diese Knöpfe drücken und dadurch Stress auslösen. Das heißt, je mehr Knöpfe wir haben und je größer diese sind, desto leichter können die „Knöpfchendrücker“ (= externe Stressoren) treffen und Stress auslösen.

Die herausfordernde Aufgabe jedes Einzelnen ist es, seinen individuellen Stress-Level möglichst erfolgreich zu verarbeiten. Idealerweise sollte jeder Mensch darauf achten, seinen ISL möglichst gering zu halten. Denn je mehr hier anfällt, desto anspruchsvoller wird der innere Verarbeitungsprozess.

Für diese Aufarbeitung verfügt jeder Mensch über Kompetenzen und Reaktionsweisen, die oftmals sehr unterschiedlich ausgeprägt sind. Sind diese individuellen Mechanismen effektiv, dann kann der entstandene und angehäufte Stress (ISL) positiv genutzt beziehungsweise vollständig verarbeitet werden. In diesem Fall fühlen wir uns wohl und sind leistungsfähig. Funktionieren diese verarbeitenden Kompetenzen jedoch nicht ausreichend, dann kommt es zu Überforderung, starken Stressreaktionen und im Extremfall zu einem Zusammenbruch im Sinne eines Burn-out-Syndroms.

Das ROME-System als Kompetenzmodell gegen Stress

Auf dem Stressmodell (siehe Abbildung 1 auf Seite 21) erkennen Sie leicht, dass die Leistungsfähigkeit sowie das körperliche und geistige Wohlbefinden des Menschen einerseits von der Höhe der anfallenden Stressoren (externe und interne Stressoren = Individuelles Stress-Level, ISL) und andererseits von seinen Fähigkeiten zur Verarbeitung dieser Stressoren abhängt. Die Philosophie des ROME-Systems verfolgt das Ziel, die persönlichen Stellschrauben zu optimieren. Es besteht aus den vier Bereichen:

- **R**elaxation (Entspannung)
- **O**rganisation
- **M**entale Kompetenz
- **E**nergie

Hat beziehungsweise entwickelt man in diesen Bereichen entsprechende Kompetenzen, begegnet man vielen Situationen ausgeglichener, ist leistungsbereiter und hat das Gefühl, die Dinge im Griff zu haben.

Wesentliche Grundlage des ROME-Systems sind Erkenntnisse aus den Naturwissenschaften, der klassischen Schulmedizin, den traditionellen Ansichten aus dem Buddhismus und den uralten indischen Veden, der ayurvedischen Medizin und der Traditionellen Chinesischen Medizin (TCM). Viele dieser Lehren beschäftigen sich vor allem mit dem aufmerksamen und aktiven Wahrnehmen des eigenen Körpers und unserer Umgebung. Diese wichtigen Eigenschaften sind uns in der heutigen sehr hektischen Welt oft verloren gegangen. Meistens haben wir keine Zeit mehr, wirklich wahrzunehmen, wie wir uns fühlen, was um uns herum passiert und welche Gedanken uns treiben. So nehmen wir beispielsweise bei Kopfschmerzen oftmals sofort ein Schmerzmittel ein, ohne darüber nachzudenken, dass der Schmerz eigentlich ein Zeichen des Körpers ist, dass im Moment etwas nicht stimmt und wir etwas ändern sollten. Die Gabe, in sich hineinzuhorchen und auf die Signale von Körper und Seele zu reagieren, ist weitgehend verloren gegangen. Dabei wäre sie so essenziell für unsere Gesundheit und Zufriedenheit. Auch der Buddhismus beschreibt dies immer wieder in seiner Lehre der Achtsamkeit, auf die wir später genauer eingehen.

Darüber hinaus fließen in das ROME-System auch moderne Elemente aus der Psycho- und Verhaltenstherapie ein. Viele Stress- und Verspannungszustände resultieren aus verborgenen Ängsten und sozialen Spannungen, die zwangsläufig in unserer meist sehr engen Zivilisation entstehen. Entwicklungsphysiologisch ist der Mensch es nicht gewöhnt, mit so vielen anderen Menschen und auf so engem Raum zu leben und zu arbeiten. Zahlreiche Konfliktsituationen sind hier vorprogrammiert und der Mensch muss lernen, sich selber und seinen Alltag zu organisieren.

Diese Kombination aus seit Tausenden von Jahren überlieferten Traditionen und modernen, wissenschaftlich bestätigten Methoden, bilden somit die Basis des ROME-Systems. Eingegliedert in dieses System zeigen wir Ihnen Techniken auf, die Sie im Alltag leicht umsetzen können und die jedem Menschen helfen, sich auf körperlicher und seelischer Ebene mit den Anforderungen unserer Zeit zurechtzufinden.

Abbildung 3 veranschaulicht, wie die Bereiche des ROME-Systems (**R**elaxation, **O**rganisation, **M**entale Kompetenz, **E**nergie) sowohl bei den stressverursachenden (externen und internen) Faktoren als auch bei der Stressverarbeitung ansetzen.

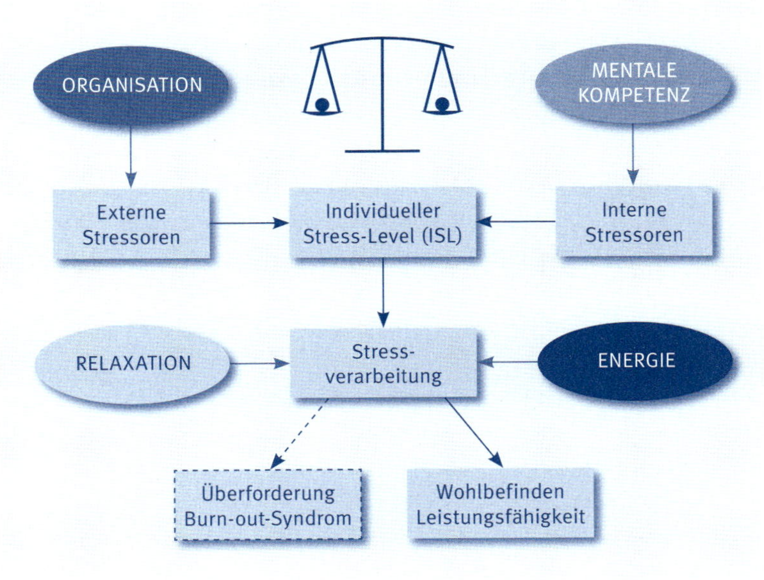

Abb. 3: Das Individuelle Stress-Profil (ISP) mit dem eingreifenden ROME-System

So bewirken beispielsweise Kompetenzen im Bereich der Organisation (Ausrichtung auf das Wesentliche, Arbeitsbedingungen, Zeitmanagement, Lernen, berufliche Kompetenzen und Weiterbildung) eine Minderung der externen Stressoren, während die internen Stressoren mit Übungen der Mentalen Kompetenz (Sinn, Achtsamkeit, Sichbefreien von stressverstärkenden Verhaltensmustern, emotionales Management) eingedämmt werden. Dadurch kann bereits der individuelle Stress-Level (ISL) minimiert werden.

Auf eine Unterstützung der nachgelagerten Stressverarbeitung zielen Fähigkeiten der Relaxation und Energetisierung ab. Durch diese lernen Sie, auch in Drucksituationen gelassen zu reagieren und Stress vollständig abzubauen. Diese Bereiche beschäftigen sich vor allem mit unterschiedlichen Entspannungstechniken, Schlaf, Pausen, sozialem Rückhalt, Ernährung, Bewegung, Sport und Energetisierungstechniken.

Mit diesem ganzheitlichen Ansatz stellt das ROME-System eine ideale Lösung zur Erhöhung des Wohlbefindens und der persönlichen Wirksamkeit dar. Es eignet sich hervorragend zur Vorbeugung und Therapie von Stress und stressbedingten Beschwerden.

Beim Lesen dieses Buches werden Sie die vier Bereiche des ROME-Systems mit ihren jeweils vier Unterbereichen (4 x 4) näher kennenlernen und wichtige sowie einfach zu praktizierende Techniken erlernen. Damit können Sie Ihr Leben dauerhaft im Gleichgewicht halten.

Bestimmen Sie Ihr eigenes ROME-Profil

Um zu bestimmen, wie widerstandsfähig unsere Klienten gegenüber Stress sind (sogenannte Stressresilienz), verwenden wir den ROME-Kompetenzfragebogen. Eine Kurzversion dieses Fragebogens wollen wir Ihnen auch in diesem Buch präsentieren. Er steht ab Seite 28 für Sie zum Ausfüllen bereit (siehe Tabelle 1). Die Langversion ist erhältlich unter www.fitfirm.de.

Mithilfe dieses Fragebogens können Sie sich einen guten Überblick verschaffen, in welchen Bereichen des ROME-Systems Sie schon gute Kompetenzen entwickelt haben und wo Sie noch an sich selbst arbeiten können.

In diesem Buch finden Sie spezifische Übungen und Verhaltensweisen zu jedem dieser ROME-Bereiche.

Der ROME-Fragebogen

Der ROME-Fragebogen bezieht sich auf die letzten vier Wochen (Urlaub ausgenommen). Lesen Sie die nachstehenden Fragen in Ruhe durch und kreuzen Sie in den rechten Spalten das für Sie stimmige Ergebnis an. Je ehrlicher Sie dabei sind, desto mehr Nutzen werden Sie daraus ziehen. Die Skala liegt zwischen 4 für „trifft völlig zu“ und 0 für „trifft überhaupt nicht zu“.

Tabelle 1: ROME-Kompetenzfragebogen (Kurzversion)

	In den letzten 4 Wochen (Urlaub ausgenommen) ...	Trifft völlig zu	Trifft überwiegend zu	Trifft teils/teils zu	Trifft überwiegend nicht zu	Trifft überhaupt nicht zu	Punkte
1	... verfügte ich über wirksame Techniken, um nach stressigen Ereignissen wieder schnell herunterzukommen.						
2	... habe ich stets auf eine gute Ernährung geachtet.						
3	... hatte ich das Gefühl, perfekt für meinen Job ausgebildet zu sein.						
4	... war ich mit meinem Leben stets glücklich und zufrieden.						
5	... konnte ich am Feierabend komplett von der Arbeit abschalten.						
6	... habe ich regelmäßig ein Hobby betrieben, das mir Spaß macht.						
7	... hatte ich nie das Gefühl, in Zeitnot zu sein.						
8	... fiel es mir immer leicht, mich auf eine Sache zu konzentrieren.						
9	... praktizierte ich 2-mal oder öfter pro Woche aktive Entspannungstechniken (z.B. autogenes Training, Meditation, PMR nach Jacobson, Yoga, Qi Gong etc.).						
10	... habe ich 2-mal oder öfter pro Woche Ausdauersport (Walken, Joggen, Fahrradfahren etc.) getrieben.						
11	... konnte ich meine Aufgaben stets ohne Unterbrechungen erledigen.						
12	... fiel es mir leicht, auch im Alltag zwischendurch abzuschalten.						

In den letzten 4 Wochen (Urlaub ausgenommen) ...		Trifft völlig zu	Trifft überwiegend zu	Trifft teils/teils zu	Trifft überwiegend nicht zu	Trifft überhaupt nicht zu	Punkte
13	... war stets jemand für mich da, wenn ich ein Problem hatte.						
14	... achtete ich bewusst auf die Zusammensetzung meiner Nahrungsmittel.						
15	... waren meine Arbeitsplatzbedingungen dafür geeignet, dass ich meine Arbeit gut erledigen konnte.						
16	... würde ich mich selbst als Optimisten bezeichnen.						
17	... konnte ich stets gut ein- und durchschlafen.						
18	... konnte ich in meiner Freizeit ausreichend entspannen.						
19	... konnte ich meine Termine immer ohne Stress einhalten.						
20	... habe ich meine Meinung immer vertreten, auch wenn ich mich dadurch unbeliebt gemacht habe.						
21	... konnte ich mich 100-prozentig auf den Rückhalt meiner Familie verlassen.						
22	... war ich im Alltag darauf bedacht, mich viel zu bewegen (mind. 10 000 Schritte täglich).						
23	... hatte ich abends stets das Gefühl, die Arbeit erledigt zu haben, die ich mir für den Tag vorgenommen hatte.						
24	... konnte ich in stressigen Situationen problemlos ruhig bleiben.						
Punkteverteilung		4	3	2	1	0	

Auswertung

Für jede angekreuzte Antwort bekommen Sie zwischen 0 und 4 Punkte (siehe Tabelle 2). Wenn Sie beispielsweise für eine Frage die Antwort „Trifft völlig zu" gewählt haben, dann geben Sie sich 4 Punkte hierfür, und wenn Sie bei der nächsten Frage „Trifft teils/teils zu" als Ergebnis haben, dann erhalten Sie 2 Punkte etc. Die Punktezahl je Frage können Sie dann in der äußersten rechten Spalte notieren.

Tabelle 2: Punkteverteilung je Antwort

Antwort	Punkte
Trifft völlig zu	4
Trifft überwiegend zu	3
Trifft teils/teils zu	2
Trifft überwiegend nicht zu	1
Trifft überhaupt nicht zu	0

Zählen Sie nun Ihre Punkte aus den unterschiedlichen Fragen nach dem Muster in Tabelle 3 zusammen. Sie erhalten damit eine Gesamtsumme für einen jeweiligen Bereich aus dem ROME-System. Wenn Sie beispielsweise die Punkte aus den Fragen 1, 5, 9, 13, 17 und 21 zusammenzählen, dann zeigt Ihnen die Höhe der Punktzahl Ihre Kompetenz im Bereich Relaxation an. Pro Bereich können Sie maximal 24 Punkte erreichen; je höher die Punktzahl, desto stärker ausgeprägt sind Ihre Kompetenzen in diesem Bereich. Was dieses Ergebnis konkret bedeutet, können Sie in Tabelle 4 einsehen.

Tabelle 3: Auswertung

ROME-Bereich	Summe aus folgenden Fragen	Punkte
Relaxation	1 + 5 + 9 + 13 + 17 + 21 =	
Organisation	3 + 7 + 11 + 15 + 19 + 23 =	
Mentale Kompetenz	4 + 8 + 12 + 16 + 20 + 24 =	
Energie	2 + 6 + 10 + 14 + 18 + 22 =	

Tabelle 4: Bedeutung der Punkte in den ROME-Bereichen

Punkte je ROME-Bereich	Bedeutung
0–4	Diese Ressource ist bei Ihnen praktisch nicht vorhanden. Es besteht dringender und sofortiger Handlungsbedarf, falls nötig mit externer Hilfe!
5–9	Diese Ressource ist bei Ihnen nur mangelhaft ausgebildet. Sie müssen hier aktiv werden, um ernsthafte gesundheitliche Schäden zu vermeiden!
10–14	Grundlagenkompetenzen sind bei Ihnen vorhanden. Es besteht jedoch die Gefahr von negativen Stressfolgen. Beginnen Sie in diesem Bereich regelmäßig an sich zu arbeiten.
15–19	Sie haben durchschnittliche bis gute Fähigkeiten in diesem Bereich. Um Ihre volle Leistungsfähigkeit zu erreichen, sollten Sie dieser Kompetenz noch mehr Aufmerksamkeit schenken.
20–24	Ihre Kompetenzen in diesem Bereich sind sehr gut ausgebildet. Üben Sie regelmäßig weiter! Sie sind auf dem richtigen Weg!

Um einen guten Überblick über Ihre Verteilung der Kompetenzen in den ROME-Bereichen zu erhalten, tragen Sie nun in Tabelle 5 Ihre Ergebnisse auf den horizontalen Linien ein. Nehmen Sie hierzu die Punktezahl aus den jeweiligen Bereichen (Tabelle 3) und machen das Kreuz in der Höhe des Feldes Relaxation = R, Organisation = O usw. und verbinden Sie die Kreuze mit Linien. Sie werden sehr schnell erkennen, wo Sie bereits Stärken haben und in welchen Bereichen noch Optimierungsbedarf besteht. Auf den folgenden Seiten können Sie gezielt damit beginnen, den ersten Schritt auf Ihrem Weg zu mehr Gelassenheit zu beschreiten.

Tabelle 5: Ihr persönliches Ergebnis

	R	O	M	E
24				
19				
14				
9				
4				

Veränderungen – mit kleinen Schritten beginnen

„Jede lange Reise beginnt mit dem ersten Schritt."

Chinesisches Sprichwort

Wir neigen sehr häufig dazu, in Extremen zu leben. Entweder beschäftigen wir uns voll und ganz mit einer Aktivität, wie z. B. einem Hobby, oder wir lassen sie in Perioden mit Zeitmangel und Druck vollständig links liegen. Ein „Dazwischen" gibt es komischerweise nur selten. Nach einer gewissen Zeit bereuen wir dann unser Verhalten, denn eigentlich hätten wir hin und wieder schon die Möglichkeit gehabt, unser Hobby weiterzuführen. Irgendwie war aber keine Energie vorhanden und der innere Schweinehund war auch nur schwer zu bändigen!

Leider gehen wir in dieser Weise auch sehr häufig mit Aktivitäten um, die unserem Körper guttun. Entweder machen wir sehr viel Sport und rappeln uns sogar bei Wind und Wetter jeden Morgen auf, um laufen zu gehen, oder wir machen dann in anderen Phasen komischerweise überhaupt nichts mehr. Warum ist das so? Warum können wir nicht kontinuierlich weitermachen und immer sportlich sein? Natürlich liegt das auch an den Phasen, in denen unser Leben einfach anstrengender ist und nicht so viel Zeit und Energie für Freizeit und Körper übrig bleibt. Außerdem gaukelt uns die Gesellschaft vor, dass es wichtig ist, in Extremen und perfekten Situationen zu leben. Die hohen Ansprüche aus dem Job übertragen sich auf unsere Freizeit. Wir versuchen in allem perfekt zu sein und wollen unseren Mitmenschen imponieren. Deshalb fangen manche Menschen plötzlich an, wie wild zu trainieren. Sie bereiten sich auf extreme Wettkämpfe wie einen Marathonlauf vor, obwohl sie zuvor fast nie Sport gemacht haben. Von einem Extrem ins andere!

Das ist sehr anstrengend, stressig und kraftraubend, da dies ja alles noch neben Arbeit, Haushalt und Familie stattfinden muss. Deshalb halten diese Trainingsvorhaben nur wenige Menschen durch, während die anderen nach einer gewissen Zeit wieder in ihren alten Trott zurückfallen und plötzlich wieder gar nichts machen. Nicht einmal einen kleinen Lauf pro Woche!

Das heißt natürlich nicht, dass es grundsätzlich schlecht ist, hohe Ziele zu haben. Ziele sind im Gegenteil sehr wichtig. Aber sie sollten realistisch und erreichbar sein, denn sonst können sie sogar das Gegenteil bewirken – nämlich Stress erzeugen –, wenn sie nie erreicht werden.

Tipp: Der Minimalansatz

Um einen Veränderungsprozess in Gang zu bringen, empfiehlt es sich, den Minimalansatz zu verfolgen. Dies bedeutet, dass Sie am Anfang den Umfang Ihrer Aktivitäten (wie Sport, Entspannungstechniken, Hobbys etc.) erst einmal dosiert in Ihren Tagesablauf einbauen. Nehmen Sie hierfür als Maßstab eine sehr stressige Woche und überlegen Sie, wie Sie trotzdem noch viele der Tätigkeiten einbetten können, die Sie sich vorgenommen haben. Dies gewährleistet, dass Sie Ihre Ziele nicht zu hoch ansetzen, nur um diese dann in Zeiten von mehr Druck und Zeitmangel wieder zu verlieren. Das führt dann nämlich zu Frustration und dazu, dass Sie Ihr Vorhaben ganz aufgeben.

Beginnen Sie also am besten mit kleinen Maßnahmen wie z.B. zweimal pro Woche eine Entspannungstechnik für nur zehn Minuten. Solche kleinen Maßnahmen können Sie sehr gut in Ihren Wochenplan einbauen und dann erst einmal wirken lassen. Das macht keinen Druck und Sie können sie einfach genießen. Schaffen Sie auch in Zukunft neben Ihren Tätigkeiten nicht mehr als diese zehn Minuten, dann ist das immer noch tausendmal besser, als gar keine Entspannungstechnik zu üben. Schon die kleinen Schritte bewirken zum Teil extrem viel in unserem Körper.

Ziel ist es, dass Sie nach dem Lesen dieses Buches die aufgeführten ROME-Techniken langsam und mit Regelmäßigkeit in Ihr Leben einbauen. Diese sollten nach einiger Zeit dann so selbstverständlich wie Zähneputzen werden und Ihnen einfach Freude und ein gutes Gefühl beim Üben vermitteln.

Relaxation: Ruhig und gelassen wie ein Buddha

Wenn sich Anspannung und Entspannung die Waage halten, sind wir zu Höchstleistungen fähig und bleiben gesund. Schaffen Sie daher ausreichend Raum für die beruhigende und regenerative Kraft von Entspannungstechniken, gutem Schlaf, regelmäßigen Pausen und einem funktionierenden sozialen Netz.

Als Einstieg in dieses Kapitel möchten wir Ihnen eine Geschichte erzählen, die viel über selbst gemachten Stress verrät:

Es war einst ein junger Mann, der eine neue Arbeitsstelle als Waldarbeiter erhielt. Er bekam seine Säge überreicht und einen bestimmten Waldbereich zugeteilt, um dort seine Arbeit zu verrichten.

Er wollte einen guten Eindruck hinterlassen und machte sich motiviert an die Arbeit. An seinem ersten Tag erlegte er die beachtliche Anzahl von 18 Bäumen.

Er freute sich und wollte dieses Ergebnis am nächsten Tag noch übertreffen. Nachdem er seine Sägetechnik über den Tag verbessert hatte, dachte er, dass 20 Bäume sicher möglich wären. Am nächsten Tag begann er pünktlich und bemühte sich redlich. Dennoch schaffte er nur 16 Bäume. Am Abend ging er früh ins Bett, mit dem festen Entschluss, am nächsten Tag seine Zielmarke zu erreichen. Diesmal schaffte er aber nur 14. Am nächsten Tag waren es nur zwölf Bäume, und am übernächsten nur neun. Noch nicht einmal die Hälfte seiner Zielmarke.

Am nächsten Tag kam sein Chef vorbei, um nach dem Rechten zu sehen. Der junge Holzfäller war verlegen und schwor, dass er sich wirklich bemüht hatte. Er konnte sich nicht erklären, warum er nur so wenige Bäume geschafft hatte. Daraufhin fragte ihn sein Chef: „Wann hast du denn das letzte Mal deine Säge geschärft?"

„Die Säge schärfen?", fragte der junge Mann erstaunt. „Dazu hatte ich keine Zeit! Ich musste doch sägen!"

Was uns diese Geschichte lehrt, ist Folgendes: Wollen wir im Leben erfolgreich sein, ist konzentriertes Arbeiten unabdingbar. An der Überzeugung „Ohne Fleiß kein Preis" ist viel Wahres dran. Jedoch birgt sie auch eine gewisse Gefahr.

Es scheint so, als ob wir alle immer höheren Anforderungen gerecht werden wollen. Dafür sind wir sogar bereit, immer mehr Einsatz zu bringen. Im Zuge dessen bleiben die notwendigen Ruhepausen aber immer häufiger auf der Strecke und wir laufen Gefahr, in eine chronische Stressbelastung zu rutschen.

Dabei sind gerade die Erholungsphasen zwischen den Belastungen entscheidend für wichtige Lernprozesse im Gehirn und die Regeneration von Körper und Geist. Ohne ausreichende Erholung nimmt mittel- und langfristig unsere Leistungsfähigkeit zwangsweise ab.

Schauen wir in unsere Entwicklungsgeschichte zurück, so hatten unsere Vorfahren auch hohe Belastungen zu ertragen. In der Steinzeit ein Mammut zu erlegen war sicherlich mit Gefahren und hohem Stress verbunden. War es jedoch einmal erlegt, konnten die Menschen den Braten genießen und es sich in der Höhle gemütlich machen. Sie fuhren den Organismus herunter und tankten sich für den nächsten Kraftakt auf.

Wechseln sich unsere Anspannungs- und Entspannungsphasen in einer gesunden Weise ab, schaffen wir die Voraussetzung für Wohlbefinden und Höchstleistungen. Je geringer und qualitativ schlechter wir unsere Erholungsphasen jedoch gestalten, desto weniger Reserven haben wir für die folgenden Anforderungssituationen zur Verfügung. Unsere Leistungsfähigkeit wird dadurch herabgesetzt und wir fühlen uns dauerhaft latent gestresst.

Wer also hohe Leistungen erzielen möchte, tut gut daran, genügend und qualitativ hochwertige Regenerationszeiten in seinen Trainings- oder Arbeitsplan einzubauen. Besonders wichtig sind:

- ausreichender und guter Schlaf
- konsequentes Einhalten von Pausen (z. B. mittags)
- Pflege des sozialen Netzes
- Hobbys
- regelmäßige Entspannungsübungen

Im Leistungssport sind vor allem Letztere nicht mehr wegzudenken. Nutzen auch Sie die enorme Wirkung von Techniken wie Progressive Muskelrelaxation, Atementspannung, autogenes Training oder Meditation. Nur zehn Minuten Training täglich können Ihre Energiereserven spürbar aufladen. Sie sind leistungsfähiger und gehen weitaus entspannter in den Tag.

Je höher die Anforderungen, desto höher sind auch die Erholungsansprüche unseres Organismus. Das heißt, wenn wir mehr Einsatz und Leistung bringen wollen, müssen wir auch zwangsläufig unsere Erholungsphasen verbessern. Oder, um im Beispiel des Holzfällers zu bleiben: Wenn wir mehr Bäume fällen wollen, müssen wir die Säge öfter und besser schärfen.

Entspannungstechniken

Warum Entspannung tatsächlich wirkt

Warum profitieren Menschen von der Durchführung von Entspannungstechniken? Warum reicht es nicht aus, sich einfach in einen Park zu setzen und ein gutes Buch zu lesen? Wie kommt es, dass Menschen in einer Meditation Gefühle wie Geborgenheit und Glück empfinden können?

Ärzte, Therapeuten und Coachs, die sich mit dem Thema Stress beschäftigen, empfehlen ihren Klienten die regelmäßige Durchführung von Entspannungstechniken als Basis der gesamten Therapie. Weltanschauungen und Religionen suchen durch diese Verfahren nach Erleuchtung und dem rechten Weg. Was steckt hinter diesen Techniken und was bewirken sie?

Seit einigen Jahren erforschen Psychologen und Gehirnwissenschaftler das Phänomen der Entspannungstechniken und deren Auswirkungen auf den menschlichen Körper. Dabei haben sie in den letzten Jahren bahnbrechende Beobachtungen gemacht: Entspannungstechniken bewirken körperliche Reaktionen, die weder bei wachem Zustand noch im Schlaf gemessen werden. Es ist also ein Zwischenbereich, in welchem unser Körper mit außergewöhnlichen Fähigkeiten reagiert. Hier entsteht ein Gefühl von Glück, Regenerationsprozesse werden anregt und unsere Vitalität nimmt deutlich zu.

α-Wellen und β-Wellen Unseren normalen Arbeitsalltag erleben wir in den meisten Fällen sehr wach und zielgerichtet. Wir haben unseren Verstand eingeschaltet und beschäftigen das Gehirn. Wenn man in diesem Zustand die Hirnwellenaktivität mittels einer Elektroenzephalografie (EEG) von unserer Kopfoberfläche ableitet, zeigen sich sogenannte β-Wellen, die in einem sehr hohen Frequenzbereich von

13 bis 38 Hertz schwingen. Dies bedeutet Aktivität! Wünschenswert ist hierbei vor allem der Bereich zwischen 13 und 21 Hertz, da wir hier eine gute Aufnahmefähigkeit mit hoher Intelligenzleistung an den Tag legen. Frequenzbereiche darüber beschreiben hingegen schon eine zu hohe Aktivität des Gehirns, was meistens mit dem Phänomen Stress, Hektik, Angst und Überreaktion einhergeht. Hier stellen sich häufig kreisende und sprunghafte Gedanken ein, welche von vielen Betroffenen beschrieben werden, die in der Belastungsmühle stecken. Schaffen wir es jedoch, unsere Gedanken zu beruhigen und unsere Hirnaktivität auf Frequenzen zwischen 8 und 12 Hertz zu bringen, dann gleiten wir in den α-Wellenbereich, der ein Zwischenstadium zwischen wacher, gerichteter Aufmerksamkeit und Schlaf darstellt. Hier ist der Körper bereit, physiologische Wunder zu vollbringen. Wir befinden uns in einer angenehmen Entspannung mit einer nach innen gerichteten Aufmerksamkeit, in der wir unseren Körper extrem gut wahrnehmen können und eine hohe Erinnerungs- und Lernfähigkeit besitzen. Dies machte sich in den 1990er-Jahren auch das „Super Learning“ zunutze, bei dem zu entspannter Musik beispielsweise Vokabeln gelernt und wiederholt wurden.

Körperlich werden im α-Wellenbereich vor allem zwei Phänomene beobachtet:

- **Vermehrung von grauer Hirnsubstanz in wichtigen Regionen**
  Untersuchungen von regelmäßig meditierenden Menschen zeigen eine Vermehrung der Nervenzellkörper vor allem im orbitofrontalen Cortex. Dies ist ein Bereich, der die Emotionen kontrolliert und Lernprozesse in Gang setzt. Weitere Veränderungen lassen sich im Hippocampus nachweisen, wo wichtige Aspekte der Gedächtnisbildung verschaltet werden. Letzterer schrumpft bei sehr gestressten Menschen, wodurch dann auch die Gedächtnisleistung deutlich abnimmt. Durch regelmäßiges Üben von Entspannungstechniken kann sich der Hippocampus allerdings wieder regenerieren. Der Betroffene kann seine ursprüngliche Gedächtnisleistung zurückgewinnen.

- **Aussendung von positiv beeinflussenden Botenstoffen** Während fast das gesamte Gehirn bei der Tiefenentspannung seine Aktivität herunterfährt, werden in bestimmten Arealen immer noch Informationen von Nerv zu Nerv untereinander ausgetauscht und das Gehirn wird regelrecht von Glücksgefühlen überschwemmt. Verantwortlich hierfür ist der aktivierende Botenstoff Dopamin, den das Gehirn zur körpereigenen Herstellung von Morphin benötigt. Dieses beruhigt den Organismus, gibt uns ein glückliches Gefühl und kann vorhandene Schmerzen lindern. So sind beispielsweise sehr schmerzhafte Zahneingriffe allein durch Hypnose und ohne Betäubungsspritze gut durchführbar. Ein weiterer Effekt des Dopamins ist die Bildung von Stickstoffmonoxid, das den Blutdruck senkt, die Gefäße erweitert und das Herz langsamer schlagen lässt.

Bei Betrachtung dieser Wirkweisen wird klar, dass die regelmäßige Selbstversenkung eine sehr wichtige Grundbasis für ein ausgewogenes, gelassenes und gesundes Leben darstellt. Bereits vor 2500 Jahren lehrten die alten buddhistischen Meister ihren Schülern, dass man den rechten Weg im Leben nur gehen kann, wenn man mit sich selber im Einklang ist und somit seinen Körper und Geist beruhigt hat. Erst dann fühlt man eine große Lebenszufriedenheit und verfügt über eine starke Konzentrationsfähigkeit.

Auf den folgenden Seiten zeigen wir Ihnen zahlreiche Entspannungsmöglichkeiten und -techniken. Einige davon werden auch in dem zugehörigen Audio-Teil angeleitet und sind damit sofort für Sie erlernbar. Sie sind am Anfang durch einen QR-Code gekennzeichnet.

Wir wollen es Ihnen somit leicht machen, die für Sie richtige Technik zu finden und diese so schnell wie möglich in den täglichen Ablauf einzubauen. Dabei kommt es nicht darauf an, jeden Tag stundenlang zu meditieren. Sehr häufig hat man hierfür einfach keine Zeit. Allerdings kann man Entspannungstechniken auch wunderbar zwischendurch, im Zug, auf der Parkbank, im parkenden Auto, auf der Wiese und an vielen weiteren Orten durchführen. Es reichen schon ein paar Minuten täglich, um einen deutlichen Effekt zu bemerken und das Leben dadurch positiv zu beeinflussen.

Grundvoraussetzungen

Um einen besseren und angenehmeren Effekt zu erreichen, sollten Sie bei allen Entspannungstechniken ein paar wesentliche Grundlagen beachten.

www.romesystem.de/vorbereitung

Genießen Sie Ihre Entspannungsübungen.
Hier finden Sie die wichtigsten Tipps zur Vorbereitung und Durchführung.

Ort der Entspannung Im Grunde können Sie die Entspannungstechniken an jedem beliebigen Ort durchführen. Dies können beispielsweise das Büro, Ihr Heim, die Parkbank, das Flugzeug, der Zug, ein speziell hierfür eingerichteter Entspannungsraum etc. sein. Achten Sie allerdings darauf, dass Sie während dieser Zeit nicht durch andere Personen oder Ihr Telefon gestört werden.

Körperhaltung Die meisten Techniken können Sie im Sitzen oder Liegen durchführen. Das Wichtigste ist, dass Sie sich einfach wohlfühlen! Entscheiden Sie sich für eine sitzende Position, dann ist es sinnvoll, einen bequemen Sessel oder auch Bürostuhl auszusuchen. Die Füße sollten zur Erdung grundsätzlich auf dem Boden stehen. Vielleicht ist für Sie aber auch ein kleines Sitz- oder Meditationskissen ausreichend, welches auf dem Fußboden liegt und worauf Sie sich im Schneider-

oder Lotossitz niederlassen. Wenn Sie bei der Entspannung eher liegen möchten, können Sie hierfür eine Yogamatte oder eine dünne Matratze verwenden, die Sie auf den Fußboden legen. Um bequemer zu liegen, können Sie noch je ein Kissen unter Kniekehlen und Kopf legen.

Vor Beginn der Übung sollten Sie erst einmal ein bis zwei Minuten in Ihrer Position ankommen und sich vergewissern, dass Sie ruhig und entspannt sitzen und jetzt eine Entspannungsphase beginnt.

Zeitpunkt Zu welcher Uhrzeit Sie Entspannungstechniken durchführen, bleibt Ihnen selbst überlassen. Sie können diese, wie viele Yogaübungen, sehr früh morgens praktizieren oder aber auch in der Mittagspause und vor dem Schlafengehen. Wichtig ist hier nur, dass Sie sich etwa 15 bis 30 Minuten Zeit nehmen, in denen Sie in Ruhe üben können und nicht das Gefühl haben, unter Zeitdruck zu agieren. Wenn es geht, dann richten Sie sich täglich einen festen Termin ein, damit dies ein normaler Programmpunkt am Tage wird.

Kleidung Tragen Sie bei der Entspannung eine leichte und nicht zu eng anliegende Kleidung, die nirgends drückt und Ihre Bewegungsfreiheit nicht einengt. Die Schuhe sollten Sie am besten ausziehen und alle Gegenstände wie Uhren, schweren Schmuck, Ketten, Brillen und dergleichen abgelegen.

Beenden der Entspannung Wenn Sie mit der Entspannungsübung fertig sind, dann beenden Sie diese bitte nicht abrupt. Nehmen Sie sich die Zeit, hier noch ein paar Minuten nachzuspüren und langsam wieder in die „normale" Welt zurückzukommen. Dazu kommen Sie erst einmal mit Ihrem Geist wieder zurück in den Raum, in dem Sie sich befinden. Öffnen Sie dann langsam wieder die Augen und orientieren sich, indem Sie die Augen im Raum herumkreisen lassen. Viele Menschen merken in dieser Phase eine leichte Benommenheit oder ein Gefühl der Unwirklichkeit, als ob man noch nicht wirklich bei seinem

Bewusstsein zurück ist. Dies zeigt, dass man gerade wieder aus dem oben beschriebenen α-Wellenbereich zurück in die normale Aufmerksamkeit kommt. Dieses Gefühl ist erwünscht und ganz normal. Um sich wieder zu aktivieren, können Sie z. B. Ihre Hände zu Fäusten ballen, die Arme und Beine strecken, sich ein paarmal rekeln und tief und kräftig durchatmen. Damit signalisieren Sie dem Körper die Vorbereitung auf den Wachzustand und die Aufnahme der täglichen Arbeitsroutine. Hiermit sollte jede Entspannungstechnik enden, es sei denn, Sie wollen anschließend gleich ins Bett gehen und schlafen. In diesem Fall sollten Sie auf die Aktivierung verzichten.

Progressive Muskelrelaxation nach Jacobson

Hintergrund Die Progressive Muskelentspannung wurde um 1930 von dem amerikanischen Arzt und Neurophysiologen Edmund Jacobson entwickelt und erforscht. Sie ist eigentlich der Klassiker unter den Entspannungstechniken und eine der Methoden, die am leichtesten zu lernen sind. Es verbirgt sich keine Philosophie dahinter, sie ist in der Regel schon beim ersten Üben wirkungsvoll und von den meisten Menschen sofort anwendbar.

Jacobson beobachtete als Arzt in der Klinik, dass bei Patienten mit einer seelischen Problematik meist auch die gesamte Körpermuskulatur, vor allem im Nackenbereich, sehr angespannt war. Kam es unter einer gut durchgeführten Psychotherapie bei diesen Patienten zu einer Erleichterung der psychischen Leiden, so entspannte sich interessanterweise fast immer auch die gesamte Muskulatur. Somit war klar, dass Seele und Muskelspannung (Muskeltonus) irgendwie zusammenhängen. Jacobson studierte dieses Phänomen und fand heraus, dass durch eine aktive Muskelentspannung auch in umgekehrter Reihenfolge der Geist entspannt werden kann. Dies war die Geburtsstunde der Progressiven Muskelrelaxation.

Wirkung Bei der Progressiven Muskelrelaxation werden einzelne Muskelgruppen für fünf bis zehn Sekunden fest angespannt. Anschließend wird diese Muskelgruppe mit einer Ausatmung wieder entspannt und man fühlt sich 30 bis 45 Sekunden in die Entspannung hinein und versucht zu spüren, was hier passiert.

Durchführungsschema der Progressiven Muskelrelaxation

Aufmerksamkeit auf die jeweilige Muskelregion lenken

▼

Anspannung der Muskeln (5–10 Sekunden halten, dabei weiteratmen)

▼

Spannung lösen und tiefes Ausatmen

▼

In die Entspannung hineinfühlen (30–45 Sekunden)

Dies bewirkt zum einen, dass die Grundspannung der Muskulatur nach dem Anspannungsprozess deutlich geringer ist als vor der Anspannung und wir damit unsere Muskeln gelockert haben (siehe Abbildung 4). Zum anderen werden die Gedanken unterbunden und nur noch auf den Körper gerichtet, was den Geist beruhigt. Dadurch rutschen wir in den oben beschriebenen α-Wellenzustand und erfahren im Extremfall sogar eine Tiefenentspannung.

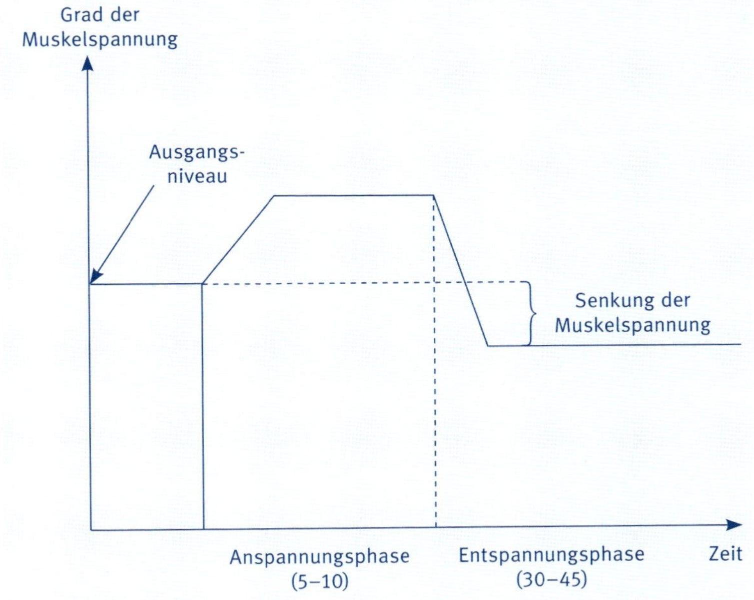

Abb. 4: Physiologie der Muskelspannung bei der Progressiven Muskelrelaxation

Mit dieser Technik können Sie also jederzeit Ihre seelische Anspannung und Nervosität beheben und gleichzeitig Ihren Körper lockern.

Vorbereitung Nehmen Sie für die Progressive Muskelrelaxation eine sitzende oder liegende Haltung ein. Hier kann durchaus ein gewöhnlicher Stuhl auch ohne Nackenstütze vollkommen ausreichen. Lehnen Sie sich möglichst aufrecht an der Rückenlehne an und setzen Sie die Füße auf dem Boden ab. Die Arme liegen auf der Lehne oder einfach in Ihrem Schoß. Achten Sie darauf, dass keine Gliedmaßen überkreuzt sind. Wenn Sie wollen, dann hören Sie hierzu eine angenehme Entspannungsmusik.

Durchführung Halten Sie bei der Progressiven Muskelrelaxation am besten ein bestimmtes Schema ein, das Sie dann die meiste Zeit anwenden. Sie werden merken, dass Sie darüber nach einer Weile nicht mehr nachdenken müssen. Idealerweise führen Sie die Langversion durch (siehe unten, Dauer ca. 25 Minuten) oder aber die Kurzversion, wenn Sie nicht so viel Zeit haben oder nur mal kurz zwischendurch üben möchten (siehe weiter unten, PMR-Kurzversion). Normalerweise beginnt man mit den Armen, geht dann über die Beine zum Rumpf und Oberkörper und schließt die Übungen im Kopf- und Gesichtsbereich ab.

Schema der PMR-Langversion

Abschnitt 1: Hände, Arme	
▪ Rechte Hand und rechter Unterarm ▪ Rechter Oberarm ▪ Linke Hand und linker Unterarm ▪ Linker Oberarm	▪ Hand zur Faust ballen ▪ Ellenbogen anwinkeln (geöffnete Hand) ▪ Hand zur Faust ballen ▪ Ellenbogen anwinkeln (geöffnete Hand)
Abschnitt 2: Füße, Beine, Gesäß	
▪ Füße ▪ Unterschenkel ▪ Oberschenkel ▪ Gesäß	▪ Zehen einkrallen ▪ Zehenspitzen nach oben ziehen ▪ Oberschenkel anspannen ▪ Pobacken zusammendrücken
Abschnitt 3: Bauch, Rücken, Brust und Hals	
▪ Bauch ▪ Brust ▪ Rücken ▪ Hals und Nacken	▪ Bauchdecke einziehen ▪ Brustmuskulatur anspannen ▪ Schulterblätter nach hinten zusammenziehen ▪ Schultern hochziehen (bis zu den Ohren)
Abschnitt 4: Kopf und Gesicht	
▪ Stirn ▪ Augen und obere Wangenpartie ▪ Untere Wangenpartie, Kiefer und Mund	▪ Augenbrauen hochziehen und die Stirn in Falten legen ▪ Augen zusammenkneifen ▪ Zähne aufeinanderbeißen, Lippen aufeinanderpressen, Zunge gegen den Gaumen drücken

www.romesystem.de/pmr-langversion

Die Progressive Muskelrelaxation ist der ideale Start in die Entspannungstechniken! Hier leiten wir Sie gerne in der Langversion an.

Neben dieser ausführlichen Langversion können Sie aber auch verkürzte PMR-Einheiten durchführen, die ebenfalls sehr effektiv sind. Diese sind sehr nützlich, wenn Sie wenig Zeit haben und nur mal kurz zwischendurch üben oder sich vor einer bevorstehenden stressigen Situation etwas „runterfahren" möchten. Auch hier gilt wie immer: Lieber machen Sie nur ein bisschen als überhaupt nichts.

www.romesystem.de/pmr-kurzversion

Für die Kurzentspannung zwischendurch. Hier erfahren Sie, wie Sie die Kurzversion der PMR ausführen.

Schema der PMR-Kurzversion

Arme	Beide Hände zu Fäusten ballen und Ellenbogen anwinkeln
Beine	Zehenspitzen nach oben ziehen und dabei Unterschenkel, Oberschenkel und Gesäßmuskeln anspannen
Rumpf	Bauchdecke einziehen
Nacken und Schultern	Schultern bis zu den Ohren hochziehen
Kopf	Augen zusammenpressen, Zähne und Lippen zusammenpressen, Zunge an den oberen Gaumen pressen

Meditation – die Kraft der Stille

Hintergrund Das Wort Meditation leitet sich vom lateinischen Verb „meditari“ ab und bedeutet so viel wie „nachdenken, nachsinnen und überlegen“. Im Allgemeinen versteht man unter Meditation unterschiedliche Übungen, mit denen man Geist und Körper beruhigen und entspannen und eventuell auch tiefe Bewusstseinszustände hervorrufen kann. Diese werden von den Praktizierenden häufig mit Begriffen wie Stille, Einssein, im Hier und Jetzt sein, frei von Gedanken sein etc. beschrieben. In unseren Breitengraden verknüpfen wir die Meditation meist mit fernöstlichen Religionen, Kulturen und Weltanschauungen wie z. B. dem Hinduismus oder Buddhismus, in denen die Meditation eine zentrale Rolle spielt, um Einsicht zu gewinnen, Sachverhalte zu durchschauen und letztlich eine Befreiung von weltlichem Leid zu erlangen. Hierbei zeigt sich deutlich der spirituelle Aspekt der Meditation, was auf manche Menschen in der westlichen Welt als nicht fassbar und daher eher abschreckend wirkt. Was viele allerdings nicht wissen, ist, dass wir wunderbar meditieren können, ohne hierbei spirituelle Übungen praktizieren oder uns einer Kultur oder Religion anschließen zu müssen. Die Meditation ist eine der wirkungsvollsten und effizientesten Entspannungstechniken und mit etwas Übung von jedem Menschen gut erlernbar.

Wir können grundsätzlich zwischen ruhenden und aktiven Meditationsformen unterscheiden. Zu den ruhenden Formen zählen unter anderem das stille Sitzen, die Atemmeditation, die transzendentale Meditation sowie die Kerzen- und Dankbarkeitsmeditation (siehe weiter unten). Die aktiven Formen umfassen zum Beispiel die Gehmeditation, Yoga, verschiedene Kampfkünste (Kung-Fu, Tai-Chi etc.) und Tantra.

Wirkung Wie alle Entspannungstechniken wirkt die Atemmeditation entspannend auf den Körper und sie beruhigt unseren Geist. Auch hier gleiten wir mit unseren Hirnströmen sehr schnell in den α-Wellenbereich ab und der Körper beginnt physiologisch mit seinem privaten Wohlfühlprogramm. In den letzten Jahren haben sich viele medizinische Fachrichtungen mit dem Thema Meditation beschäftigt. Mittlerweile gibt es sogar eigene Kongresse und Tagungen zur Meditations- und Bewusstseinsforschung. In allen durchgeführten Untersuchungen zeigt sich immer wieder das gleiche Ergebnis: Die Meditation wirkt und beeinflusst unseren Körper positiv, solange man sie regelmäßig durchführt. Hirnareale regenerieren sich, der Herzschlag wird langsamer, der Blutdruck sinkt, Stress wird abgebaut und sogar der Cholesterinspiegel soll sich positiv beeinflussen lassen.

Einen idealen Einstieg in die Meditation stellt die Konzentration auf den Atem dar. Dadurch werden zum einen die wirren Gedanken fokussiert und gesammelt und zum anderen die Aufmerksamkeit auf den Körper gerichtet, um uns wirklich im Hier und Jetzt spüren zu können. Dadurch lernt man mit der Zeit seinen Geist und Körper zu beruhigen, Signale des Köpers besser wahrzunehmen und dadurch seine Mitte zu finden. Hiermit ist im Buddhismus gemeint, dass man ausgeglichen und gelassen ist und von den typischen Ärgernissen des Lebens nicht mehr so schnell aus dem Gleichgewicht gebracht wird. Man reagiert auf die Anforderungen des täglichen Lebens einfach nicht mehr mit einem Stressgefühl, sondern akzeptiert sie und findet eine Lösung für jede Herausforderung.

Äußere Haltung Bei der Meditation empfiehlt es sich vor allem, bestimmte Haltungen einzunehmen. Traditionell ist hier der klassische *Lotossitz* (siehe Abbildung S. 51, mittleres Bild). Dieser wird vor allem bei der buddhistischen Meditation oder aber auch dem Yoga angewendet. Diese Sitzposition kann anfangs etwas gewöhnungsbedürftig sein. Für die meisten Menschen ist die *burmesische Haltung* (oberes Bild) besser geeignet, bei der die Unterschenkel einfach im Schneidersitz voreinander abgelegt werden. Falls Sie auch mit dieser Haltung Schwierigkeiten haben, ist eine *Meditationsbank* hilfreich (unteres Bild), auf der Sie sitzen und die Unterschenkel einfach unter der Bank platzieren können. Sinnvoll ist es, sowohl beim Lotossitz als auch in der burmesischen Haltung ein Meditationskissen oder eine zusammengerollte Decke oder sonstige stabilisierende Hilfsmittel zu benutzen. Das festigt die Position, hält die Wirbelsäule gerade und macht das Sitzen deutlich angenehmer. Der Kopf ist aufrecht (nicht nach vorne neigen), die Schultern sind entspannt und die Hände werden auf den Oberschenkeln oder unterhalb des Bauchnabels ineinandergelegt.

Natürlich können Sie eine Meditation auch auf einem ganz normalen Sessel oder im Liegen durchführen, falls Ihnen das lieber ist. Hier empfiehlt es sich, im Sitzen einfach ein Keilkissen unterzuschieben, da der Rücken so automatisch aufrechter wird.

Innere Haltung Die innere Haltung stellt nichts anderes dar als die absolute ruhige Position, also das Sich-nicht-Bewegen. Vor allem in den ersten Meditationsübungen tun sich viele etwas schwer damit, wirklich ruhig zu sitzen, denn es fallen einem plötzlich sehr viele unterschiedliche Körpergefühle auf, wie z. B. ein Jucken, eine unbequeme Falte in der Hose, ein leicht schmerzender Rücken, Geräusche, die einen wieder aus der Konzentration bringen. Manchmal hat man das Gefühl, einfach die Sitzposition ändern zu wollen. Unsere Aufgabe ist es, diese Körpergefühle einfach wahrzunehmen und nicht zu bewerten. Sie sind ein Zeichen dafür, dass man in seinem Körper steckt, gesunde Empfindungen hat und sich im Hier und Jetzt befindet. Was kann einem besser zeigen, dass man im Moment lebt und in der Gegenwart ist, als der eigene Körper, der Signale aussendet? Deshalb kämpft man am besten nicht dagegen an, sondern akzeptiert die Empfindungen und genießt die nächsten Minuten der Meditation.

Stimmen nun die äußere und innere Haltung bei der Meditation, dann sind alle Voraussetzungen geschaffen, um vollständig abzuschalten, die Gedanken zu beruhigen und in die Übungen einzutauchen.

Abb. 5: Drei unterschiedliche Meditationshaltungen. Oben der klassische Lotussitz, in der Mitte die burmesische Haltung und unten das Sitzen auf einer Meditationsbank.

www.romesystem.de/kerzenmeditation

Mit der Kerzenmeditation finden Sie zu innerer Ruhe und tiefem Wohlbefinden.

Die Kerzenmeditation

Nehmen Sie sich zehn bis 20 Minuten Zeit und finden Sie einen ungestörten Ort. Zünden Sie sich eine Kerze an und platzieren Sie diese in Ihrem Sichtfeld vor sich. Sie dient Ihnen als Bezugspunkt und repräsentiert eine Quelle der Ruhe. Nehmen Sie dann einen Meditationssitz ein oder eine andere angenehme Position.

Wenn Sie eine bequeme Position gefunden haben, richten Sie Ihre Aufmerksamkeit auf die Kerze und betrachten Sie diese aufmerksam. Schauen Sie sich die Kerze genau an: den Wachsteil, den Docht, das Innere der Flamme und das Äußere der Flamme. Nehmen Sie dabei ein paar tiefe und ruhige Atemzüge und lassen Sie etwas Ruhe einkehren.

Falls andere Gedanken aufkommen sollten, stellen Sie sich vor, diese beim Ausatmen einfach an die Kerze abzugeben. Genauso machen Sie es mit Dingen, die Sie momentan vielleicht belasten. Atmen Sie sie gedanklich einfach hinaus. Lassen Sie Stück für Stück los und genießen Sie die kleine Auszeit.

Der Kerzenschein strahlt dabei Licht und Wärme aus. Stellen Sie sich vor, wie er Sie wärmt und Sie mit positiver Energie versorgt. Tanken Sie mit jedem Einatmen das Licht und damit auch innere Zufriedenheit, Geborgenheit, Freude und was Sie gerne in sich spüren wollen.

Sie können zwischendurch auch die Augen schließen und sich die Kerze im Inneren vorstellen.

Wenn Sie denken, die gewünschte Meditationszeit ist vorbei (als Hilfe können Sie auch ein Musikstück abspielen, das so lange dauert wie die gewünschte Meditation), öffnen Sie die Augen. Nehmen Sie ein paar tiefe Atemzüge zum Abschluss und gehen Sie mit guter Energie in den weiteren Tag.

www.romesystem.de/dankbarkeitsmeditation

Das Gefühl der Dankbarkeit wirkt heilend und gibt uns Kraft. Lassen Sie sich hierzu anleiten und genießen Sie die Stille.

Die Dankbarkeitsmeditation

In der Dankbarkeitsmeditation wollen wir ganz bewusst Dinge in den Vordergrund stellen, die für uns normalerweise selbstverständlich sind und über die wir uns selten Gedanken machen. Hierzu gehört vor allem unser eigener Körper.

Nehmen Sie einen Meditationssitz oder eine andere angenehme Position ein. Schließen Sie die Augen und konzentrieren Sie sich auf Ihren Körper, durch den Sie eine kleine Dankbarkeitsreise unternehmen.

Gehen Sie nach und nach auf Ihre Organe ein und danken Sie diesen für ihre spezifische Funktion. Beginnen Sie mit einem Danke an Ihr Gehirn für seine Denkleistung, danken Sie dann nacheinander den Augen für das Sehen, den Lungen für das Atmen, Ihrem Herz für seine Kreislauffunktion, dem Verdauungstrakt für seine Nahrungsverwertung, Leber und Niere für ihre Entgiftungsfunktion, der Haut für den Schutz vor äußeren Einflüssen und zuletzt dem Immunsystem für seine Abwehrkraft gegen unangenehme Keime.

Überlegen Sie sich anschließend, wofür Sie außerhalb Ihres Körpers dankbar sein können. Vielleicht für einen oder mehrere liebe Menschen in Ihrem Umfeld? Stellen Sie sich vor, wie Sie diesen Menschen ein Dankeschön für was auch immer aussprechen.

Danken Sie dafür, dass Sie gerade diese Entspannungsauszeit nehmen können und sich damit etwas Gutes tun. Danken Sie allen positiven Eigenschaften, die Sie in sich tragen und für die Sie von anderen geschätzt werden.

Und danken Sie zum Abschluss einfach dafür, dass Sie so sind, wie Sie sind!

www.romesystem.de/atemententspannung

Lernen Sie hier, wie Sie Ihren Körper und Geist mithilfe der Atmung entspannen und spürbar erholen können.

Atementspannung

In allen modernen Entspannungstechniken sowie in den fernöstlichen Praktiken wie Yoga, Qigong, Tai-Chi und der Meditation spielt die Atmung eine zentrale Rolle.

Wirkung Der gesundheitliche Nutzen von Atemtechniken wird in immer mehr wissenschaftlichen Studien erwiesen. So kann infolge regelmäßig durchgeführter Atemübungen eine bedeutsame Verringerung des Stresshormons Kortisol und des Milchsäurespiegels im Blut festgestellt werden. Ebenso wird der Cholesterinspiegel gesenkt und eine deutliche antioxidative Wirkung erzielt (zur schützenden Wirkung von Antioxidantien siehe Seite 209). Nicht zuletzt ist die Atmung ein ideales Steuerungsmittel des vegetativen Nervensystems. Wie sich das auf unser Herz auswirkt und was uns das insgesamt bringt, behandeln wir ausführlich im Kapitel „Mentale Kompetenz“ (siehe Seite 111).

Die klassische Atementspannung

Legen oder setzen Sie sich entspannt hin und beginnen Sie durch die Nase ein- und auszuatmen. Nehmen Sie dabei wahr, wie sich Ihre Bauchdecke hebt und senkt. Achten Sie nur auf Ihren Atem und lassen Sie etwas Ruhe einkehren.

Stellen Sie sich vor, wie der Atem über die Nase in die Luftröhre und die Lungen einströmt und wie er auf demselben Weg den Körper wieder verlässt. Atmen Sie dabei tief und ruhig.

Nach ein paar Atemzügen stellen Sie sich nun vor, wie der Atem beim Einatmen von Ihren Lungen aus weiter über Ihre rechte Schulter und den Arm bis in Ihre rechte Hand strömt. Beim Ausatmen entweicht jegliche Spannung aus der rechten Hand und dem Unterarm. Vielleicht hilft es Ihnen, sich vorzustellen, der Atem hätte eine bestimmte Farbe. Welche Farbe wäre das bei Ihnen?

Atmen Sie etwa fünfmal tief und entspannt durch die Nase ein und aus, immer mit der Vorstellung, den Atem in Ihre rechte Hand und den Unterarm ein- und ausströmen zu lassen. Wechseln Sie dann mit Ihrer Aufmerksamkeit zum rechten Oberarm und atmen Sie auch hierhin in Ihrer Vorstellung fünfmal tief ein und aus. Lassen Sie bei jedem Ausatmen ein bisschen mehr los und entspannen Sie den rechten Oberarm etwas mehr.

Gehen Sie anschließend den Körper in folgender Reihenfolge weiter gedanklich durch und atmen fünfmal in jedes Körperteil:

- Linke Hand und linker Unterarm
- Linker Oberarm
- Füße
- Unterschenkel
- Oberschenkel
- Gesäß
- Schultern und Nacken
- Kopf und Gesicht
- Körpermitte (Brust und Bauch)

Fühlen Sie sich am Ende noch einmal in den gesamten Körper hinein und genießen Sie die Entspannung. Öffnen Sie wieder die Augen und beginnen Sie sich langsam wieder zu bewegen.

Wichtig bei der Atementspannung ist es, nichts erzwingen zu wollen. Wenn Ihnen am Anfang die Vorstellung, in ein Körperteil einzuatmen, schwierig erscheint oder Sie keinen Unterschied spüren, ist das völlig in Ordnung. Es geht nicht darum, sofort in eine extreme Tiefenentspannung zu gelangen. Einzig die kurze Konzentration auf Ihren ruhigen und tiefen Atemrhythmus bewirkt bereits viele positive Prozesse in Ihrem Körper.

www.romesystem.de/happy-place-gedankenanleitung

Aktivieren Sie positive Ressourcen in Ihrem Unterbewusstsein und erwecken Sie mit dieser Gedankenanleitung ein inneres Lachen.

Schlaf – die große Pause

Was beim Schlafen passiert

Schlaf ist in unserer getriebenen Gesellschaft zum absoluten Luxusgut geworden. Seit der Erfindung der Glühbirne und damit des künstlichen Lichts durch Thomas Alva Edison im Jahre 1913 nimmt unsere tägliche Arbeitszeit stetig zu, da wir nicht mehr von äußerlichen, natürlichen Lichtverhältnissen abhängig sind. Schlaf wird teilweise als reiner Zeitverlust angesehen und es werden möglichst viele Arbeits- und Freizeitaktivitäten in unseren Tagesablauf eingebaut. Häufig mit einem daraus resultierenden Defizit an Schlafstunden! Durch unsere technischen Möglichkeiten sind wir 24 Stunden erreichbar und könnten, wenn wir wollten, auch problemlos die ganze Nacht durcharbeiten.

Dabei argumentieren anerkannte Schlafforscher, dass wir durch die höheren Anforderungen an unser tägliches Leben eigentlich mehr Schlaf benötigten als unsere Vorfahren! Wie wissenschaftliche Studien zeigen, wäre eine tägliche Schlafdauer von sieben bis acht Stunden optimal. Ruhen wir nachts allerdings weniger, dann tun wir dies auf

Kosten unserer Gesundheit, Leistungsfähigkeit, Kreativität, Produktivität und Gelassenheit. Sogar unser Intelligenzquotient soll bei dauerhaftem Schlafdefizit vorübergehend sinken.

Eine Forschergruppe der Universität von British Columbia beziffert die bestmögliche Schlafdauer noch deutlich höher. In einem Experiment am Polarkreis, bei relativ konstanten Lichtverhältnissen, durften die Teilnehmer, neben ihrer Forschungsarbeit, so viel schlafen, wie sie wollten. Hierbei zeigte sich, dass gegen Ende des Experiments die durchschnittliche Schlafdauer sogar auf 10,3 Stunden anstieg.

Wie sieht nun die Physiologie des Schlafes aus? Auf der einen Seite wird angenommen, dass sich in unserem Körper im Laufe des Tages Stoffwechselprodukte anhäufen, die uns müde machen. Diese müssen während des Schlafens abgebaut werden. Auf der anderen Seite wissen wir, dass bei Dunkelheit vor allem das schlaftreibende Hormon Melatonin aus der Zirbeldrüse ausgeschüttet wird und eine Vielzahl von regenerierenden Prozessen in Gang setzt. Das Melatonin sorgt für einen erholsamen und ruhigen Schlaf. Bei älteren Menschen wird deutlich weniger Melatonin ausgeschüttet, weshalb die Schlafdauer im Alter entsprechend sinkt und auch der Schlaf an sich als weniger erholsam bezeichnet wird. Sobald Licht auf unsere Augen fällt, wird die Aussendung von Melatonin schlagartig unterbrochen, der Körper wird munterer und wacht auf.

Wissenschaftlich erwiesen ist, dass Melatonin vor allem unsere Tiefschlafphasen bedingt und hierbei die Ausschüttung des sogenannten Wachstumshormons Somatotropin stimuliert. Dieses sorgt bei Kindern für ein gutes und reguliertes Wachstum und bei Erwachsenen für die meisten Regenerationsprozesse während des Schlafens. Deshalb ist der Schlaf an sich der wichtigste biologische Regenerationsvorgang, den wir haben.

Erholsam und gesund schlafen

Die Dauer und Qualität unseres Schlafes hängt von verschiedenen Faktoren ab. Neben dem Erbgut spielen die Psyche und momentane Verfassung des Einzelnen sicherlich eine Rolle.

Allerdings haben schlafmedizinische Untersuchungen ergeben, dass die Beachtung bestimmter Verhaltensweisen und Lebensgewohnheiten zu einem deutlich tieferen und erholsameren Schlaf führt. Dies nennt man in Fachkreisen Schlafhygiene. Man schafft sich sozusagen die besten Voraussetzungen für einen guten Schlaf. Mit nur geringfügigen Veränderungen der Lebensweise können wir zum Teil große Effekte erreichen. Im Folgenden erhalten Sie daher die wichtigsten Tipps und Tricks für einen dauerhaft besseren Schlaf.

- **Schlafphasen beachten** Wir durchlaufen nachts mehrere Schlafzyklen, die jeweils aus den Tiefschlafstadien I bis IV und dem sogenannten REM-Schlaf (Rapid Eye Movement) bestehen. Während die Stadien I und II einen eher seichten Schlaf und den Übergang zum Tiefschlaf beschreiben, werden die Stadien III und IV als beginnender und manifester Tiefschlaf bezeichnet. Wir gleiten mit unseren Hirnwellen in immer langsamere Bereiche ab und entspannen unseren Körper damit immer mehr. Der Schlafzyklus wird mit dem REM-Schlaf abgeschlossen, in dem sich unsere Augen stark hin und her bewegen, wir sehr viel träumen und hier wohl vor allem seelische Zustände verarbeiten. Nach der REM-Phase folgt wiederum die leichte Schlafphase des Stadiums I, wo wir sehr häufig von alleine aufwachen, wenn wir genug geschlafen haben und uns gut und munter fühlen. Werden wir allerdings z. B. in der Tiefschlafphase vom Wecker aus dem Schlaf gerissen, dann kommen wir nur schwer zu uns und es kann sein, dass wir uns noch Stunden danach sehr müde und matt fühlen. Da ein Schlafzyklus ca. 90 Minuten dauert, wäre es optimal, den Schlaf in 1,5-Stunden-Schritte einzuteilen, um wiederum in der richtigen Phase geweckt zu werden.

Damit wären beispielsweise sechs Stunden Schlaf besser als sieben. In Extremsportarten, in welchen nur etappenweise geschlafen werden kann (z. B. 24-Stunden-Rennen mit wechselnden Fahrern), wird diese Tatsache meist schon genutzt und in 1,5- oder 3-Stunden-Rhythmen geschlafen. Es gibt auch Wecker, die Schlafphasen durch einen Sensor messen können und den Schlafenden dann in der richtigen Phase wecken.

- **Kühl schlafen** Vor dem Zubettgehen sollten Sie das Schlafzimmer nochmals gut mit Frischluft durchlüften. Im Schlafzimmer selber sollte es in der Nacht nicht zu warm sein, da dies die Tiefe des Schlafes negativ beeinflussen kann. Eine Zimmertemperatur von ca. 18 °C ist optimal. Wenn Ihnen dies zu kalt ist, besorgen Sie sich am besten eine wärmere Decke.
- **Dunkel schlafen** Das Schlafzimmer sollte gut abgedunkelt sein, damit kein Laternen- oder schon frühmorgens Sonnenlicht einstrahlt. Denn auch durch die geschlossenen Augenlider tritt Licht hindurch, wodurch das schlaffördernde Hormon Melatonin blockiert und das Aufwachen programmiert wird.
- **Kein Fernseher im Schlafzimmer** Verzichten Sie im Schlafzimmer auf einen Fernseher. Häufig wühlt das Fernsehen vor dem Schlafengehen die Hirnaktivität unbewusst auf. Weiterhin soll der Blaulichtanteil die Melatoninausschüttung unterdrücken und damit das Einschlafen erschweren.
- **Nichts mehr essen** Grundsätzlich sollten Sie darauf achten, dass Sie die letzte größere Mahlzeit mindestens zwei Stunden vor dem Zubettgehen einnehmen. Mit einem vollen Bauch schläft es sich deutlich schlechter. Sollten Sie allerdings mal zu viel gegessen haben, dann empfiehlt es sich, auf der rechten Seite zu liegen, da hier die Magenpassage des Nahrungsbreis schneller vonstatten geht. Dies liegt daran, dass der Ausgang des Magens zur rechten Körperseite zeigt und damit in Rechtslage der Speisebrei in Richtung Schwerkraft leichter weiterbewegt werden kann.

- **Keine Hitze kurz vor dem Schlafengehen** In der Nacht sinkt die Körperkerntemperatur ab 22 Uhr signifikant ab und erreicht zwischen 3 und 4 Uhr den Tiefpunkt. Man fängt zum Teil schon am Abend an leicht zu frösteln, womit der Körper auch ein Signal bekommt, dass es langsam Zeit zum Einschlafen wird. Deshalb sollten Aktivitäten, die die Körperkerntemperatur deutlich erhöhen wie Sport, Sauna, Dampfbad, Vollbad etc. mindestens drei Stunden vor dem Einschlafen beendet sein.
- **Kein Alkohol vor dem Zubettgehen** Alkoholische Getränke verändern die Schlafqualität erheblich. Dies gilt bereits für nur ein Bier oder einen kleinen Schoppen Wein. Zum einen erschlafft das Gewebe im Rachenbereich, weshalb viele Menschen durch Alkoholgenuss deutlich mehr schnarchen. Dadurch kommt der Sauerstoff schlechter in die Lungen und der Schlaf wird seichter und ist von mehreren Aufwachreaktionen durchsetzt. Zum anderen ändert der Alkohol in der zweiten Nachtphase empfindlich den wichtigen REM-Schlaf, wodurch die mentale Fitness am nächsten Tag deutlich herabgesetzt ist und man sich weniger erholt fühlt.
- **Regelmäßige Zeiten und Rituale** Der Mensch ist ein Gewohnheitstier und liebt daher regelmäßige Uhrzeiten und Rituale. Hierdurch wird er unbewusst auf einen bestimmten Zustand vorbereitet. Daher ist es sehr nützlich, sich bestimmte Rituale und Uhrzeiten in die abendliche Planung einzubauen, die dem Köper den Beginn der Schlafenszeit signalisieren. Zum einen ist es sehr ratsam, dass Sie möglichst immer zur gleichen Zeit ins Bett gehen und wieder aufstehen, damit Sie Ihre innere Uhr nicht durcheinanderbringen. Zum anderen können Sie vor dem Zubettgehen sogenannte Einschlafrituale durchführen, die Ihnen helfen, besser einzuschlafen. Zu den Einschlafritualen zählt beispielsweise, das Licht zu dimmen, eine Tasse Tee (ohne Koffein!) zu trinken, ein Buch zu lesen, eine Entspannungsübung durchzuführen und ruhige Musik zu hören. Sie können auch eine ganz andere Routine für sich verwenden. Wichtig

ist nur, dass Sie damit Ihrem Körper das Signal geben: „Gleich geht es zum Schlafen."

- **Beste Einschlafzeit** Die optimale Einschlafzeit ist abhängig von den individuellen Rhythmen eines jeden Menschen. Einerseits spricht man in der Chronobiologie (Lehre der zeitlichen Rhythmen in Mensch und Tier) von den sogenannten Lerchen, die gerne früh ins Bett gehen und früh aufstehen. Sie sind schon am Morgen sehr aktiv und leistungsfähig. Andererseits tendieren die sogenannten Eulen dazu, noch spät abends aktiv zu sein. Sie schlafen dafür gerne etwas länger am Morgen. Typische Eulen werden meist erst gegen 10 oder 11 Uhr vormittags voll leistungsfähig. Normalerweise benötigen Lerchen und Eulen gleich viel Schlaf, nur ist deren Rhythmus ein paar Stunden nach vorne oder hinten verschoben. Während die einen gerne um 22 Uhr ins Bett gehen, ist für die anderen eine Schlafenszeit von 1 Uhr angenehmer. Deshalb sind alte Grundregeln wie „Jede Stunde vor Mitternacht zählt doppelt" aus chronobiologischer Sicht der Wissenschaft nicht mehr zeitgemäß. Es gilt die Faustregel, dass jeder Mensch am besten zu seiner individuell besten Zeit ins Bett gehen sollte. Hierbei muss man allerdings darauf achten, dass man seine sieben bis acht Stunden Schlaf erhält. Wenn Eulen einen „Frühaufsteher-Beruf" ausüben, dann müssen sie sich über die Zeit an ein etwas früheres Zubettgehen gewöhnen und leicht umprogrammieren. Allerdings stellen sich die meisten Eulen fast nie komplett um und sammeln dann über die Arbeitswoche ein Schlafdefizit an, welches sie am Wochenende durch langes Ausschlafen kompensieren.

Powernap – die kleine Pause

Bezüglich des Schlafens sagte Napoleon: „Vier Stunden für die Männer, fünf für die Frauen und sechs für Idioten." Allerdings kompensierte er seinen kurzen Nachtschlaf mit mehreren über den Tag verteilten kurzen Schläfchen und war damit trotzdem immer frisch und vital. Leonardo da Vinci verzichtete in manchen Phasen gar komplett auf seinen Nachtschlaf und hielt stattdessen alle vier Stunden einen Schlaf von 15 Minuten.

Die positive Wirkung dieser „Kurznickerchen" konnte wissenschaftlich nachgewiesen werden und auch Sie können sie sich zunutze machen.

Für uns ist besonders der sogenannte Powernap, der Superschlaf, interessant. Er steht für einen kurzen Mittagsschlaf von zehn bis 30 Minuten, der stark regenerierend wirkt und wieder Vitalität und Energie für den Nachmittag bereitstellt.

Physiologisch gesehen sinkt unsere Köpertemperatur gegen 14 Uhr wie in der Nacht ab und der Körper stellt sich auf Schlaf ein. Wir werden müde. Entwicklungsgeschichtlich ist der Mittagsschlaf also sinnvoll und so in uns programmiert. Gerade zur Mittagszeit benötigen wir dringend eine kurze Pause, um wieder aufzutanken und für den Rest des Tages fit zu sein.

Natürlich ist es in der heutigen Zeit nicht leicht, im Büroalltag einen Powernap durchzuführen. Mit den folgenden Tipps schaffen Sie es trotzdem.

- **Umfeld** Einen Powernap können Sie eigentlich überall machen, nicht nur im Bett. Am Arbeitsplatz den Kopf kurz auf den Tisch legen, sich ins Auto setzen, auf eine Parkbank legen, auf einer Wiese oder vielleicht auch im firmeneigenen Relaxationsbereich – es gibt viele Möglichkeiten.
- **Dauer** Eine Dauer von 30 Minuten wird als ideal beschrieben und sollte nicht überschritten werden, da man hinterher nur schwer in die Gänge kommt und eventuell den Rest des Tages sehr müde ist. Auch kürzere Einheiten sind sinnvoll und geben Kraft.

Tipp: Der Kutscherschlaf

Setzen Sie sich auf einen Stuhl, stellen Sie die Füße hüftbreit auf den Boden und beugen Sie den Oberkörper mit rundem Rücken nach vorne. Die Ellenbogen werden auf den Oberschenkeln abgelegt, der Kopf gesenkt und die Augen geschlossen. Dies ist die typische Kutscherhaltung, die für einen Kurzschlaf sehr gut geeignet ist. Halten Sie einen Gegenstand (z.B. Schlüsselbund) in der Hand, den Sie automatisch dann loslassen, wenn Sie in eine Schlafphase gelangen, in der die Muskulatur entspannt. Von dem Geräusch wachen Sie dann wieder auf, bevor Sie in einen zu tiefen Schlaf verfallen.

Bereits eine kurze Schlafepisode von ein paar Minuten reicht aus, um die Vitalität für den Nachmittag deutlich zu erhöhen.

Wenn der Schlaf gestört ist

Verspüren wir viel Stress, dann kann es passieren, dass der Schlaf darunter leidet. Kommt es zu Einschlaf- und Durchschlafstörungen, werden die günstigen Prozesse während des Schlafs deutlich gehemmt, obwohl wir sie gerade in diesen Zeiten so dringend bräuchten. Der typische Teufelskreis beginnt: Stress/psychischer Druck – schlecht schlafen – müde sein – noch mehr Druck – noch schlechter schlafen – noch müder sein – usw.

Häufig treten Schlafprobleme nur für eine kurze Zeit auf. Alles, was weniger als zwei Wochen lang andauert, wird nicht als krankhaft angesehen. Weiterhin wachen wir nachts auch hin und wieder auf. Dies geschieht unbewusst relativ häufig (bis zu 20-mal), während wir es bewusst gar nicht oder nur ein paarmal bemerken. Wenn wir anschließend wieder problemlos einschlafen, ist auch dies völlig unbedenklich.

Sollten Sie trotz Beachtung der oben beschriebenen Tipps für einen erholsamen Schlaf unter Einschlaf- und Durchschlafproblemen leiden, dann können Sie sicherlich von den folgenden Verhaltensregeln bei Schlafstörungen profitieren:

- **Akzeptieren** Sie die Situation, denn man kann sie nicht ändern und den Schlaf erst recht nicht erzwingen. Der Schlaf stellt sich irgendwann von alleine ein, wenn Sie „loslassen".
- **Stehen Sie auf**, wenn Sie nicht schlafen können, und beschäftigen Sie sich mit sinnvollen und schönen Dingen wie ein Buch lesen, Musik hören, Tee trinken. Arbeiten Sie nicht und schauen Sie nicht fern (das wirkt anregend und hemmt die Bildung des Schlafhormons Melatonin). Gehen Sie erst wieder ins Bett, wenn Sie Müdigkeit verspüren. Können Sie dann wieder nicht schlafen, dann stehen Sie wieder auf. Machen Sie das so lange, wie es sein muss.
- Bei quälenden Gedanken mitten in der Nacht empfiehlt es sich, einen sogenannten **Gedankensessel** im Zimmer zu platzieren. Dahin tragen Sie die Sorgen aus dem Bett, setzen sich bewusst hin und schreiben die Sorgen auf einem Block nieder. Anschließend lassen Sie die Gedanken absichtlich dort liegen und gehen wieder zurück ins Bett.
- Grundsätzlich sollten Sie bei Schlafstörungen die **Uhr** am Bett **weglassen**. Viele Leute macht sie nur nervös, da sie sehen, wie wenig Zeit sie noch haben, um zu schlafen. Der Druck wird dadurch noch höher.
- Wenn Sie nicht schlafen können, dann üben Sie stattdessen **Entspannungstechniken**. Es wurde festgestellt, dass diese den Schlaf sogar ersetzen können. Außerdem schlafen viele Leute während der Durchführung dieser Techniken wieder gut ein.
- Bei Bedarf können Sie auch **pflanzliche Hilfsmittel** wie Baldrian (eventuell in Kombination mit Hopfen) einnehmen. Wichtig ist hierbei zu wissen, dass diese Mittel erst nach ca. zwei Wochen wirken und daher nicht schon nach ein bis zwei erfolglosen Nächten abgesetzt werden.

- Nehmen Sie **keine** starken **chemischen Schlaf- oder Beruhigungsmittel**. Diese haben ein sehr großes Suchtpotenzial!
- Sollten Sie länger als zwei Wochen unter Schlafstörungen leiden, dann sollte dies von einem **Arzt** abgeklärt werden.

Pausen – einfach mal nichts tun

„Die Kunst des Ausruhens ist Teil der Kunst des Arbeitens."

John Steinbeck 1902–1968

„Es gibt immer was zu tun!" Diesen Werbeslogan eines großen Heimwerkermarktes scheinen viele unserer Klienten als Lebensmotto übernommen zu haben. Schon in der Kindheit werden wir von unseren Eltern angehalten: „Kind, mach was Sinnvolles und sei nicht so faul!"

Neben den alltäglichen Herausforderungen und den gesellschaftlichen Erwartungen ist diese frühkindliche Konditionierung sicherlich auch ein wichtiger Grund, warum viele Menschen sehr getrieben sind und immer etwas zu tun haben wollen. Ist es aber nicht auch schön, einfach mal gar nichts zu machen und das Leben zu genießen, ohne dass man gleich ein schlechtes Gewissen haben muss? Natürlich ist dies ein wunderbares Gefühl und viele Menschen sehnen sich danach. Man muss nur einmal Menschen zuhören, die sich über ihren Urlaub unterhalten. Wie oft hört man da „dort lege ich mich erst einmal auf die faule Haut". In unserer täglichen Praxisarbeit bemerken wir allerdings, dass genau dies die meisten Klienten am allerschlechtesten schaffen. Wenn man ihnen im Coaching unterschiedliche Aufgabenstellungen und To-dos aufgibt, erledigen sie diese sehr schnell und gewissenhaft. Gibt man ihnen allerdings den Ratschlag, mal einen ganzen oder halben Tag lang nichts zu machen, dann sind die meisten von ihnen total überfordert.

Wie kann es sein, dass uns das Nichtstun überfordert? Das klingt doch zunächst paradox. Fakt ist jedoch: Wenn wir es nicht gelernt haben, dann können wir es auch nicht.

Es ist wichtig, dass wir bewusst regelmäßige Pausen in unser Leben und unseren Tagesplan einbauen, im Arbeitsleben wie in der Freizeit. Pausen regenerieren unseren Geist und schärfen die Sinne, sodass wir anschließend wieder deutlich leistungsfähiger sind.

Im Folgenden wollen wir Ihnen ein paar Tipps und Tricks an die Hand geben, wie Sie Pausen besser einhalten können. Sie stammen aus unserer täglichen Praxisarbeit und haben schon vielen unserer Klienten geholfen.

Freizeitstress vermeiden Bei vielen unserer Klienten sehen wir eine extreme Überlastung, die nicht nur im Beruf auftritt, sondern sich auch in die Freizeit fortpflanzt. Um ihren Stress beseitigen zu können, meinen sie, sie müssten zum Ausgleich nur recht viel Sport treiben, je mehr, desto besser. Natürlich ist Sport gesund, zu viel davon aber kann die Überlastung noch verstärken, wie das folgende Fallbeispiel zeigt. Natürlich lässt sich unser Beispiel auch auf andere Freizeitaktivitäten übertragen.

Fallbeispiel

Michael, 56, befand sich in einer hohen Management-Position, in der er immer wieder ein starkes Druckgefühl verspürte. Um dem Stress Herr zu werden, hatte er mit Sport begonnen und trainierte intensiv für einen Marathonlauf, der in ca. sechs Monaten stattfinden sollte. Obwohl er jeden Tag ein bis zwei Stunden lang lief, hatte sich sein Zustand aber nicht verändert.

Michael hatte nicht bedacht, dass zu seiner bestehenden beruflichen Belastung jetzt zusätzlich jede Minute ins Lauftraining investiert werden musste und daher gemeinsame Stunden mit Familie und Freunden zu kurz kamen. Er hatte ein weiteres „Projekt“ begonnen und eine neue Erledigungsliste ins Leben gerufen, die „abgearbeitet“ werden musste. Phasen, in denen sich sein Köper vom Arbeitsstress ausruhen sollte, wurden jetzt mit starker Aktivität überkompensiert und Körper und Geist kamen gar nicht mehr zur Ruhe. Die Folge: Der Stress-Level stieg an!

Wir haben diese Verhaltensweise mit Michael analysiert und versucht, aus organisatorischer Sicht das Zuviel zu entrümpeln. Er ist sehr schnell selber darauf gekommen, dass er viel zu viele Aufgaben hatte und ihn das intensive Training noch zusätzlich stresste. Daraufhin reduzierte er sein Laufpensum auf zweimal die Woche. Die übrig gebliebene Zeit nutzte er fortan für Pausen. Schon nach kürzester Zeit verspürte er eine deutliche Verbesserung seines Zustandes.

Stressfreie Zone einrichten Uns allen ist bewusst, dass wir an schönen oder für uns besonderen Orten meist ein gutes Gefühl haben und sogar eine Erleichterung spüren. Bei vielen Menschen ist es vor allem der Urlaub am Meer oder in den Bergen, der positive Gefühle hervorruft und negative Gedanken zurückdrängt. Die gute Nachricht aber ist, dass wir gute Gefühle nicht nur an diesen, sondern an beliebigen Orten erzeugen können.

Ein solcher Ort kann eine erklärte stressfreie Zone zu Hause oder sogar im Büro sein. Hierbei handelt es sich um einen kleinen Bereich in einem Zimmer, den Sie nur zu diesem Zwecke präparieren (falls genügend Platz vorhanden ist, kann das auch ein ganzes Zimmer sein). Die stressfreie Zone sollten Sie ganz bewusst als den Ort deklarieren, an dem Sie keinen Stress haben und den Sie nutzen, um für eine kurze Zeit (fünf bis 15 Minuten) einfach abzuschalten. In gewisser Weise stellt sie eine kleine Insel der Glückseligkeit in dem ganzen Alltagstrubel dar.

Bestimmen Sie eine angenehme Ecke im Raum und richten Sie sie nach Belieben ein. Stellen Sie beispielsweise einen bequemen Sessel dorthin, legen Sie Kissen oder eine Yogamatte auf den Boden oder stellen Sie eine Entspannungsliege auf. Weiterhin ist es an einem Ort des Wohlfühlens auch immer zweckmäßig, Erinnerungsstücke und schöne Sachen hinzustellen. Dies kann z. B. eine Muschel oder Sand in einer kleinen Flasche aus dem letzten Urlaub, ein schöner Stein aus den Bergen, eine Pflanze oder Blumen, eine Vase, ein schönes Bild, eine Statue etc. sein. Ziel ist es, dass Sie sich hier wohlfühlen.

Die stressfreie Zone sollten Sie am besten einmal täglich nutzen. Sie können hierfür einen bestimmten Zeitraum wählen oder sich dort hineinbegeben, wenn der Alltagsdruck sehr hoch wird oder Sie sich über irgendetwas geärgert haben. Stellen Sie sich eine kreisförmige Linie vor, die um die stressfreie Zone verläuft und außerhalb derer das normale Leben stattfindet. Übertreten Sie diese Linie und begeben sich in die Zone, dann lassen Sie für die Dauer von fünf bis 15 Minuten bewusst alles hinter sich. Beschäftigen Sie sich nur noch achtsam mit Ihrem eigenen Körper. Versuchen Sie zu entspannen und loszulassen. Sie werden merken, dass Sie nach einer gewissen Zeit des Übens einen behüteten Raum schaffen, der vom Bewusstsein ins Unterbewusstsein geht und im Gehirn verankert wird. Einige unserer Klienten haben sogar berichtet, dass nach einer Zeit schon ein Blick in die stressfreie Zone ausreicht, um ein Schmunzeln hervorzurufen und die Laune zu heben. Sie wissen, dass sie diesen „Fluchtort" haben, und freuen sich schon darauf, sich wieder dorthin zu begeben, wann immer sie wollen.

Sich selbst etwas gönnen Viele unserer Klienten erzählen uns, dass sie viel zu viel arbeiten und sich so gut wie nie etwas gönnen. Und wenn sie sich etwas gönnen, dann ist es häufig mit einem schlechten Gewissen verbunden. Hier haben wir auch eine typische Verhaltensweise vor uns, die bei permanentem Stress entsteht. Man kann sich nicht wirklich über Dinge freuen und sie erst recht nicht genießen. Man ist innerlich getrieben und nutzt seine Zeit eher, um seine Aufgaben zu erledigen.

Ein derart getriebener Mensch sollte nach ROME dringend lernen, Pausen bewusst zu setzen. Es reichen schon kleine Dinge wie ein Kinobesuch, ein schönes Essen mit Freunden, eine Massage oder ein gutes Glas Wein auf dem Sofa. Fällt es Ihnen schwer, solche Pausen zu machen, sollten Sie sie als verbindlichen Termin in den Kalender eintragen.

Einen Tag lang verrückt sein Überlegen Sie sich, ob Sie innerlich einen Wunsch haben, den Sie sich schon immer erfüllen wollten. Vielleicht ist es sogar irgendetwas total Verrücktes (aber noch rechtlich Legales). Warum nicht einfach mal so einen Traum ausleben? Spüren, dass man mitten im Leben steckt und wirklich Spaß hat? Suchen Sie sich einmal im halben Jahr so einen Tag heraus und blocken Sie diesen ganz bewusst. Machen Sie an diesem Tag eine Sache, die Ihnen extrem viel Spaß macht. Auch wenn es nicht total verrückt ist, werden Sie diesen Tag genießen und vom normalen Trott Abstand nehmen.

Fallbeispiel

Christina, 39, eine selbstständige Grafikern, kam zu uns mit einem starken Stressgefühl. Schnell haben wir herausgefunden, dass sie sehr lange Arbeitstage hat, aber so gut wie nie Pausen einlegt. Dies macht sie so fertig, dass sie am Abend zu nichts mehr fähig ist und sofort auf dem Sofa einschläft.

Da sie immer mit Musik arbeitet, haben wir Christina eine relativ leichte Erinnerungshilfe gegeben. Nach jedem angehörten Musikalbum (Dauer etwa 50–60 Minuten) sollte sie eine kleine Pflichtpause von fünf Minuten einlegen und sich kurz bewegen, tief durchatmen oder vor die Tür gehen. Dies klappte völlig problemlos und ihr Zustand besserte sich sehr schnell. Plötzlich hatte sie abends wieder genug Energie, um noch wegzugehen und Freunde zu treffen.

Sich belohnen Viele Aufgaben, die wir erledigen, sind wirklich sehr anspruchsvoll und der Erfolg manchmal einfach zu selbstverständlich für uns. Wenn wir mal zurücksehen und uns überlegen, welche Projekte, Verantwortungen und Herausforderungen wir gemeistert haben, dann erkennen wir, dass wir wirklich Großes leisten können. Für diese Leistungen, die wir Tag für Tag erbringen, müssen wir uns auch hin und wieder belohnen und sie uns bewusst machen. Sehen Sie nicht immer nur die Fehler und das, was Sie nicht geschafft haben. Genießen Sie Ihren Erfolg und belohnen Sie sich regelmäßig dafür. Nehmen Sie sich bereits am Anfang einer Aufgabe, einer Woche oder auch am Morgen vor, wie Sie sich belohnen wollen, wenn Ihnen dies und jenes gelingt. Dies gibt Ihnen eine positive Verstärkung für Ihr Tun und erhöht damit Ihre Motivation.

Sich Zeit lassen Lassen Sie sich einmal am Tag bewusst ganz viel Zeit für eine Tätigkeit, z. B. für den Abwasch, das Ausräumen der Spülmaschine, das Teekochen, ein Essen, den Einkauf und vieles mehr. Dies „entschleunigt" das Leben und es tut einfach gut, sich nicht immer hetzen zu müssen.

Entspannungsrituale für Paare Bauen Sie Entspannungsrituale in Ihr Leben ein. Dies funktioniert besonders gut, wenn Sie in einer Beziehung leben. Sie können z. B. einen Wochentag auswählen, an dem Sie ein Entspannungsbad nehmen und Ihr Partner Sie im Anschluss mit einem wohlduftenden Öl massiert. Dies entspannt und fördert die gemeinsame Relaxationszeit. Weiterer großer Vorteil: Wenn Sie Ihren Partner mit einbeziehen, kann er Sie oder Sie ihn daran erinnern, dass es Zeit wird für eine Auszeit. Versuchen Sie diese Rituale wirklich fest in Ihr Leben zu integrieren und nichts dazwischenkommen zu lassen. Dieser Termin hat absolute Priorität.

Für fünf Minuten die Augen schließen Gönnen Sie sich nur fünf Minuten am Tag, an denen Sie einfach mal den Lärm der Welt vergessen und die Augen schließen. Sie können z. B. eine schöne Entspannungsmusik hören und ganz bewusst daran denken, dass Sie in diesem Moment eine Pause machen und sich um nichts anderes kümmern müssen. Sehr angenehm ist es auch, wenn Sie sich dabei in Ihrer Fantasie an einen schönen Ort begeben und einfach mal einen „Kurzurlaub“ machen (etwa an einen Strand denken, an dem es Ihnen im letzten Urlaub sehr gefallen hat).

Teepause einbauen Machen Sie es wie die Briten und bauen Sie eine kleine bewusste Teepause in Ihren Tagesablauf ein. Dies ist ein schönes Ritual und kann bei Genuss von grünem oder weißem Tee auch noch sehr gesund sein. Übrigens, die Teepause beginnt schon mit der achtsamen Zubereitung des Tees!

Sauna, Dampfbad, Wellness Nehmen Sie sich einen halben oder ganzen Tag Zeit und genießen Sie einfach mal mehrere Sauna- oder Dampfbadgänge. Dies stärkt zum einen bei regelmäßiger Anwendung das Immunsystem und zum anderen entspannt es den Körper durch und durch. Sie werden sehen, wie gut Sie abschalten können. Auch zu Hause können Sie z. B. bei einem ruhigen Vollbad im Kerzenlicht abschalten.

Sozialer Rückhalt

Schon seit Jahrhunderten beobachtet man das Phänomen, dass Menschen mit intakten sozialen Beziehungen wie Familie und Freunden gegenüber vereinsamten Personen glücklicher und psychisch stabiler sind. Studien zeigen, dass sie deutlich weniger an Depressionen, Erkältungen und anderen Erkrankungen leiden. Besonders bei Neugeborenen und Kleinkindern werden schon in der Anfangszeit die Weichen für ein intaktes Selbstbewusstsein gestellt. Erleben diese von Anfang an Unterstützung und Rückhalt, dann verankern sie dieses Schutzgefühl in sich und haben meist ihr Leben lang das Gefühl, dass jemand hinter ihnen steht, egal was auch passiert. Werden sie allerdings in der ersten Phase des Lebens stark vernachlässigt oder gar missbraucht, dann fühlen sich diese Menschen häufig entwurzelt, unsicher und ängstlich.

Soziale Netze sind allerdings nicht nur in der Anfangszeit unseres Lebens äußerst wichtig, sondern auch in späteren Lebensphasen. Wir erhalten durch sie Anerkennung, Sicherheit und Ausgeglichenheit und empfinden meist auch mehr Sinn im Leben. Zu den sozialen Netzen gehören in der Regel Familie und Verwandte, Freunde, Nachbarn, Arbeitskollegen, Vereine etc. Da wir in der heutigen Zeit nicht mehr so an bestimmte Konventionen gebunden sind wie etwa unsere Großeltern, können wir uns unsere sozialen Netze aussuchen. Als Folge der zunehmenden Mobilität im Berufsleben sind viele von uns gezwungen, sich sogar mehrmals im Leben ein neues soziales Netz aufzubauen.

Leider ist es nicht leicht, in unserem fordernden Alltag den Kontakt zu den Mitgliedern dieser Netze aufrechtzuerhalten. Schuld daran sind meistens Zeitmangel und die fehlende Energie und Disziplin, den Kontakt zu denjenigen Menschen zu halten, die uns wichtig sind. Bindungen werden vernachlässigt und bei einigen Menschen besteht das soziale Netz vor allem aus den Arbeitskollegen. Verlieren diese Menschen ihren Job, dann bricht hier gleichzeitig auch das soziale Netz weg und es kann zu schweren psychischen Belastungen kommen.

Deshalb ist es gerade heute so wichtig, sich um das eigene soziale Netz zu kümmern. Doch dies geschieht nicht von alleine und kostet einiges an Mühe, Energie und Organisationstalent.

Das soziale Netz als Ressourcenschatz

Durch unser soziales Netz haben wir Zugang zu einem riesengroßen Schatz von wertvollen Informationen und praktischen und emotionalen Hilfestellungen. Es liegt ganz in uns, diesen Schatz aktiv zu nutzen!
In einem intakten sozialen Netz finden wir:

- **Rat zu jedem Thema** Diesen können wir in der engsten Familie, aber auch beim Arbeitskollegen oder Nachbarn suchen. Im eigenen Netz gibt es meist jemanden, der uns weiterhelfen kann. Es ist immer sehr sinnvoll, über unsere Anliegen und Probleme zu sprechen. Fressen wir sie buchstäblich in uns hinein, macht uns das mit der Zeit krank. Hier dient das soziale Netz als Puffer und man sollte es auch nutzen, um einfach mal Dampf abzulassen. Aber Vorsicht: Achten Sie darauf, dass Sie Ihr soziales Netz nicht zu sehr damit belasten. Sie sollten auch Positives einbringen, damit das Negative nicht überwiegt.
- **Gemeinsames Erleben** Für uns Menschen ist es sehr schön, wenn wir Dinge gemeinsam erleben können. Hierbei wirkt ein Austausch und das Revue-passieren-Lassen einer schönen Situation als starke positive Verankerung in unserem Gehirn und tut sehr gut. Ein gemeinsames Durchleben von schwierigen Phasen nimmt uns einen Teil der Last von den Schultern. Nicht umsonst lautet das Sprichwort: „Geteilte Freude ist doppelte Freude, geteiltes Leid ist halbes Leid."
- **Emotionale Nähe und Akzeptanz** Führen wir einen liebevollen Umgang mit unserem sozialen Netz, erfahren wir fast immer das Phänomen der emotionalen Nähe und Akzeptanz. Meistens geschieht dies unter Familienmitgliedern und besonders Kinder können dieses Gefühl gut spüren. Es ist die Grundvoraussetzung für Geborgenheit, Sicherheit und Selbstwertgefühl.
- **Zufriedenheit durch Geben** Weiterhin ist es für uns auch unglaublich wichtig, zu geben. Wenn wir anderen Gutes tun, empfinden wir das selbst auch als angenehm. Wissenschaftlich gesehen werden

hier unsere Spiegelneurone im Gehirn angeregt und wir empfinden das, was wir für andere machen, auch in uns selbst. Dies kann ein tiefes Gefühl von Zufriedenheit und Befriedigung hervorrufen.

- **Berührung, Körperkontakt und Sexualität** Zuletzt darf aber auch die Sexualität nicht fehlen. Sie ist für uns Menschen sehr wichtig, da wir durch Nähe und Körperkontakt ebenfalls das Gefühl von Geborgenheit spüren. Weiterhin steigen aber auch unser Selbstbewusstsein und Selbstwertgefühl stark an, wenn wir den Eindruck haben, dass uns ein Mensch liebt und in jeder Situation hinter uns steht.

Tipp: Umarmen macht glücklich!

Wissenschaftler haben festgestellt, dass eine Umarmung eine Kaskade von Glückshormonen im Körper ausschüttet und uns glücklich macht. Der amerikanische Lebensberater Scary Guy sagt sogar, dass man mindestens 16 Umarmungen benötigt, um dieses Wohlgefühl aufrechtzuerhalten. Wer kennt das nicht? Eine Umarmung von einem lieben Menschen tut einfach gut. Aus diesem Grund werden in den USA sogar offizielle „Umarmungs-Tage“ (huggingdays) organisiert.

Das soziale Netz will gepflegt sein

Wie wir gesehen haben, sind soziale Netze extrem wichtig, um uns fallen lassen zu können. Das ist eine Grundvoraussetzung für Entspannung.

Diese Netze müssen allerdings bedient werden und fordern uns ebenfalls wie Job und sonstige Aufgaben. Soziale Netze können uns sogar stressen, wenn wir nicht aufpassen und bestimmte Regeln nicht beachten! Deshalb wollen wir im Folgenden ein paar Grundregeln auflisten, wie Sie ein gesundes soziales Netz aufrechterhalten:

- **Übersicht erstellen** Welche Bereiche gibt es in Ihrem sozialen Netz (z. B. Familie, Freunde, Kollegen, Nachbarn, Verein etc.)? Notieren Sie, wer Ihnen besonders nahe steht, wen Sie wieder mehr kontaktieren wollen. Dies kann beispielsweise mit der sogenannten Mindmap geschehen. Dabei stehen Sie im Zentrum und malen für jeden Bereich einen Ast auf. Auf diesem Ast befinden sich die zugehörigen Personen. Menschen, die Ihnen näher stehen, platzieren Sie näher an sich heran.

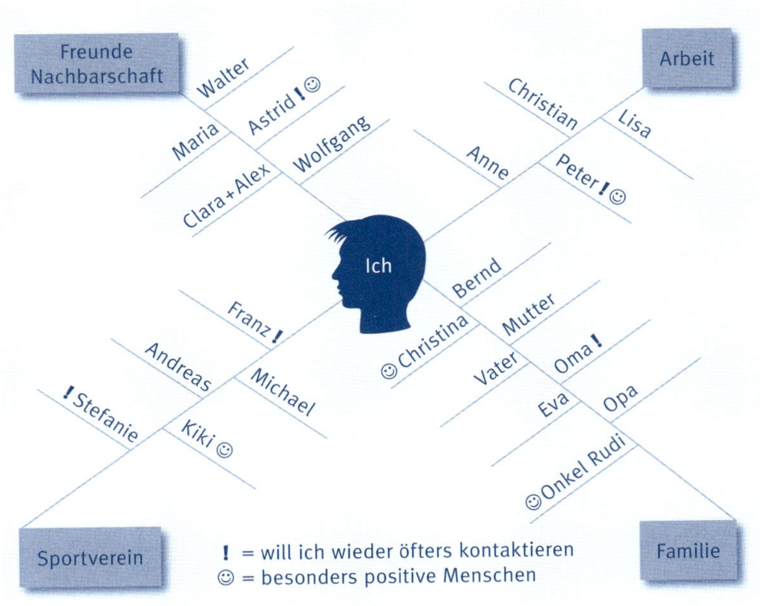

Abb. 6: Mindmap Ihres sozialen und familiären Netzwerkes

- **Sich regelmäßig melden** Melden Sie sich immer wieder bei Ihren wichtigen Leuten. Auch eine kurze SMS oder nur ein schöner Gruß, den Sie über jemanden ausrichten lassen, ist Gold wert!

- **Regelmäßigkeit im Kalender einbauen** Kontakte sollten grundsätzlich regelmäßig gepflegt werden. Eine regelmäßige Verabredung (z. B. jeden ersten Montag im Monat mit Michael) hält man meistens ein, da man sich darauf einstellen kann. Und nur durch regelmäßigen Austausch bleiben gute Kontakte erhalten. Planen Sie also!
- **Geburtstage notieren** Notieren Sie sich die Geburtstage von den wichtigsten Menschen im Kalender und gratulieren Sie. Dies freut jeden und ist ein wichtiges Zeichen der Wertschätzung für den anderen.
- **Richtig kommunizieren** Achten Sie bei der Kommunikation mit Ihren Freunden darauf, dass der Redeanteil annähernd gleichmäßig verteilt ist (50:50-Regel). In einem Gespräch ist es sehr wichtig, dass Sie auch mal Redepausen einhalten und dem anderen zuhören. Wenn immer nur einer erzählt und er den anderen nicht zu Wort kommen lässt, dann signalisiert man kein Interesse am anderen und für den notorischen Zuhörer wird es anstrengend.
- **Achtsamkeit** Bei jedem Gespräch sollte Achtsamkeit immer eine wichtige Grundlage sein. Hören Sie Ihrem Gegenüber achtsam zu und nehmen Sie wirklich an dem teil, was er Ihnen übermittelt. Schreiben Sie sich wichtige Termine des anderen eventuell anschließend auf und überraschen Sie ihn an einem besonderen Tag, beispielsweise vor einem wichtigen Vortrag, mit einer „Viel Glück"-SMS. Die zeigt Interesse und Wertschätzung.
- **Kleine Aufmerksamkeiten** Machen Sie Ihren Freunden kleine Aufmerksamkeiten. Ein Kompliment über das Aussehen, eine Blume, eine helfende Hand oder ein Lob tut jedem Menschen sehr gut.
- **Mehr Umgang mit Menschen, die Sie mögen** Überlegen Sie sich, welche Menschen Sie wirklich mögen und von welchen Sie gemocht werden. Sie sollten Ihre Energie und Zeit vor allem in diese Kontakte investieren.
- **Offenheit und Toleranz** In jeder zwischenmenschlichen Beziehung sind Offenheit und Toleranz extrem wichtig. Kein Mensch tickt so wie man selber. Deswegen werden auch Familienangehö-

rige und Freunde die Dinge häufig anders angehen als Sie selber. Versuchen Sie dies erst einmal zu akzeptieren und versetzen Sie sich in die Lage des anderen. Ein sofortiges Verurteilen von Anfang an hat in einer guten Beziehung nichts verloren.

- **Das Positive im Menschen sehen** Niemand ist perfekt. Suchen Sie aktiv immer die positiven Seiten Ihrer Mitmenschen und wertschätzen Sie diese. Sehen Sie über vermeintliche Schwächen wohlwollend hinweg.
- **Ehrlichkeit** Seien Sie zu jeder Zeit ehrlich und authentisch und versuchen Sie sich nicht zu verbiegen. So eine Verhaltensweise wird von unseren Mitmenschen sehr geschätzt.
- **Erwartungen zurückschrauben** Jeder Mensch in Ihrem sozialen Netz hat andere Vorzüge und Fähigkeiten. Erwarten Sie nicht, dass es einen Menschen geben muss, der alles versteht – wie es so oft in partnerschaftlichen Beziehungen gewünscht wird. Dies kann niemand erfüllen. Nutzen Sie die Vielfältigkeit Ihres Netzes und akzeptieren Sie, dass Sie über manche Themen nicht immer mit der gewünschten Person reden können.

Special: Genießen und einen Tag nichts tun

Machen Sie folgendes Experiment:
Wählen Sie sich einen beliebigen Tag im Quartal aus, an dem Sie ganz bewusst einfach nichts tun, planen, erledigen oder regeln müssen. An diesem Tag ruhen Sie sich einfach mal aus. Wichtig ist, dass Sie wirklich absolut nichts machen, das heißt, es wird auch nicht mal kurz eine Waschmaschine angeworfen oder mal in die Mails gesehen oder Ähnliches. Denn das würde das Ritual unterbrechen. An diesem Tag machen Sie nur das, was Ihnen Spaß macht, Sie aber nicht anstrengt. Es sollte ungefähr ein Gefühl sein, als ob Sie die letzten Tage auf langen Wanderungen waren und jetzt Ihren Körper einfach wieder regenerieren müssen.

So ein Tag könnte beispielsweise wie folgt aussehen: Sie schlafen gemütlich aus, führen eine angenehme Entspannungstechnik durch, lassen sich ganz viel Zeit im Badezimmer und machen sich ein Frühstück, das Sie genüsslich und achtsam essen. Lesen Sie ein schönes Buch und machen Sie die Augen einfach zu, wenn Sie Müdigkeit verspüren. Natürlich können Sie auch nach draußen gehen und einen Spaziergang machen oder sich irgendwo in den Park oder an einen See legen. Wichtig ist nur, dass Sie keine Aktivität vorher planen. Entscheiden Sie zu jedem Zeitpunkt ganz spontan, was Sie als Nächstes machen wollen. „Einfach in den Tag hineinleben" ist das Motto. Von sportlichen Aktivitäten sollen Sie an diesem Tag absehen. Selbstverständlich können Sie auch spontan Freunde anrufen, sich noch für den Biergarten verabreden oder am Abend einen schönen Film im Kino oder zu Hause ansehen. Ihrer Kreativität soll hier nichts im Wege stehen. Sie werden bereits am Tag danach merken, wie herrlich entspannt das wirkt und wie Ihre Energietanks wieder aufgeladen sind.

Organisation: Mit System zu mehr Zeit und Ruhe

Leiden Sie unter chronischem Zeitmangel? Fühlen Sie sich getrieben, wie ein Hamster im Rad? Das muss nicht so bleiben. Durch die erfolgreiche Optimierung Ihres Alltags wird es Ihnen gelingen, das Ruder wieder selbst in die Hand zu nehmen und genügend Zeit für die wirklich wichtigen Dinge zu haben.

Fallbeispiel

Roland arbeitet in einer Bank und leitet dort Projekte auf nationaler und internationaler Ebene. Mit seinen 36 Jahren steht er bereits kurz vor der Beförderung ins höhere Management. Sein derzeitiges Projekt verlangt von ihm teilweise Reisen nach Frankfurt und Paris. Seit einem Jahr ist er verheiratet und seine ebenfalls berufstätige Frau ist im fünften Monat schwanger.

Die vergangenen Wochenenden verbrachten sie gemeinsam mit Wohnungssuche, weil es mit dem Nachwuchs in der derzeitigen Wohnung etwas eng würde. Es ist Montagmorgen, 7 Uhr. Roland sitzt am Flughafen, telefoniert und bearbeitet gleichzeitig einige seiner rund 50 unbeantworteten E-Mails. Zwei seiner Projektmitarbeiter sind schon seit über einer Woche krank und er muss das irgendwie kompensieren. Um 9 Uhr hat er einen wichtigen Termin in Frankfurt, jedoch hat der Flieger bereits jetzt eine Stunde Verspätung. Er hofft, dass er es noch rechtzeitig schafft. Für den Flug hat er sich vorgenommen, endlich die Rede vorzubereiten, die er als Trauzeuge seines besten Freundes am kommenden Samstag halten soll. Ein Geschenk für den Geburtstag seiner Schwester am Donnerstag braucht er auch noch.

Dreht sich bei Ihnen auch langsam der Magen um, wenn Sie sich in Rolands Lage versetzen? Haben auch Sie manchmal das Gefühl, dass Ihr Alltag von einem chronischen Zeitmangel bestimmt ist? Sie haben endlose Aufgabenlisten abzuarbeiten, E-Mails zu beantworten, Telefonate zu führen, müssten eigentlich schon seit Langem einen Behördenbesuch absolvieren und sollen sich nebenbei noch um Haushalt, Familie und andere soziale Kontakte kümmern? Wenn dies zutrifft, sind Sie nicht alleine!

Aber muss das denn so sein? Haben wir hier denn keine andere Wahl? Können wir diese äußeren Umstände nicht besser in den Griff bekommen?

Genau mit dieser Fragestellung beschäftigen wir uns auf den nächsten Seiten. Dabei zielt dieses Kapitel zunächst darauf ab, die Prioritäten richtig zu setzen. Im Anschluss beleuchtet es die Themen Arbeitsbedingungen, Zeitmanagement und kontinuierliches Lernen.

Lernen Sie, wie Sie wieder mehr Zeit für das Wesentliche gewinnen und schon bald die Freiheit zurückerlangen, über sich selbst zu bestimmen.

Ausrichtung auf das Wesentliche

„Ich bin eigentlich ganz anders, aber ich komme nur so selten dazu."

Ödön von Horvath (1901–1938)

Prioritäten setzen

Um Sie auf die Frage einzustimmen, was wirklich wichtig ist in Ihrem Leben, erzählen wir Ihnen wieder eine kleine Geschichte.

In einer Vorlesung brachte der Professor eines Tages eine große durchsichtige Vase aus Glas mit und stellte diese gut sichtbar auf sein Pult. Seine Studenten staunten und fragten sich, was jetzt wohl kommen mochte. Er nahm mehrere Tennisbälle aus seiner Tasche und füllte die Vase bis zum oberen Rand voll. Dann fragte er seine Studenten, ob die Vase denn voll sei. Sie antworteten geschlossen: „Ja, klar!" Daraufhin nahm er einen kleinen Sack mit Murmeln aus seiner Tasche, leerte ihn in die Vase und füllte so die Lücken zwischen den Tennisbällen auf. Er fragte, ob die Vase jetzt voll sei. Auch jetzt antworteten die Studenten mit Ja. Nun zog er unter dem Pult eine Schale mit feinem Sand hervor und füllte damit noch den winzigen verbliebenen Platz zwischen den Murmeln. Erneut fragte er seine Studenten, ob die Vase jetzt vollständig gefüllt sei. Und erneut bejahten sie. Der Professor blickte in die Runde, lächelte ein wenig verschmitzt und zog dann eine Dose Bier aus seiner Tasche. Er öffnete diese, goss das Bier in die Vase und füllte damit den noch übrig gebliebenen lufthaltigen Platz zwischen den Sandkörnern auf. Dann sprach er zufrieden in die Runde: „Jetzt ist die Vase wirklich voll."

Anschließend erklärte er seinen Studenten, was diese Übung zeigen sollte: „In unserem Leben gibt es ein paar wenige Dinge, die wirklich wichtig sind. Hierzu gehören bei den meisten die eigene Gesundheit, Familie, Kinder, Freunde etc. Diese wichtigen Dinge werden durch die Tennisbälle repräsentiert. Sie sollten Priorität in unserem Leben genießen und unsere volle Aufmerksamkeit erhalten. Neben diesen großen Dingen gibt es natürlich auch weniger wichtige Aspekte in unserem Leben, um die wir uns erst an zweiter oder dritter Stelle kümmern sollten. Diese werden durch die Murmeln und den Sand dargestellt. Füllen wir unser Leben (= Vase) jedoch zuerst mit den unwichtigen Sachen, also dem Sand und den Murmeln, dann wird für die wichtigen Dinge (= Tennisbälle) nicht mehr ausreichend Platz vorhanden sein. Wenn uns das passiert, fühlen wir uns häufig wie ein Hamster im Rad, gehetzt, fremdbestimmt und sinnlos. Wichtig für ein erfülltes Dasein ist es, die Tennisbälle für sich zu definieren und dann in den Mittelpunkt des Lebens zu stellen."

Auf die Frage, was denn das Bier dann darstellen sollte, erwiderte der Professor grinsend: „Neben all den wichtigen und weniger wichtigen Dingen im Leben, bleibt immer noch die Zeit, mit guten Freunden ein Bierchen trinken zu gehen."

Wie die Studenten in der Geschichte sind auch Sie aufgerufen, für sich zu bestimmen, was in Ihrem Leben höchste Bedeutung hat und worauf Sie falls nötig auch verzichten können. Kümmern Sie sich zuerst um die wirklich wichtigen Dinge und erst dann um die weniger wichtigen. Setzen Sie Prioritäten.

Die folgende Übung soll Ihnen helfen herauszufinden, ob Sie Ihre Prioritäten richtig gesetzt haben. Dazu gehen wir davon aus, dass wir durchschnittlich acht Stunden pro Nacht schlafen, dann haben wir 16 wache Stunden pro Tag zur freien Verfügung. Das sind 112 wache Stunden pro Woche, 480 pro Monat und 5840 pro Jahr. Wofür verwenden Sie diese Stunden?

Übung: Wofür verwende ich meine Zeit?

1. Wählen Sie als Erstes einen Zeitraum Ihrer Wahl aus (zwischen einer Woche und vier Jahren). Zeichnen Sie dann einen Kreis auf ein Blatt Papier. Dieser Kreis entspricht 100 Prozent Ihrer wachen Stunden.
2. Listen Sie nun alle für Sie wichtigen Lebensbereiche oder Aktivitäten auf, für welche Sie diese Zeit verwendeten. Das könnten sein: Familie, Freunde, Arbeit, Sport, Reisen, Weiterbildung, Hobbys, Spiritualität etc.
3. Überlegen Sie sich dann, wie viele Stunden oder Prozent der Gesamtzeit Sie in dem gewählten Zeitraum für die aufgelisteten Lebensbereiche oder Aktivitäten in etwa verwendet haben.
4. Unterteilen Sie dann den Kreis in unterschiedliche „Kuchenstücke", wobei die Größe eines Stückes der für die jeweilige Aktivität verwendeten relativen Zeit entspricht. Was erkennen Sie? Sind Sie mit Ihrer

Zeiteinteilung zufrieden und sehen Sie diese als erfüllend an? Gibt es gegebenenfalls Kuchenstücke, die Sie vergrößern oder verkleinern möchten?

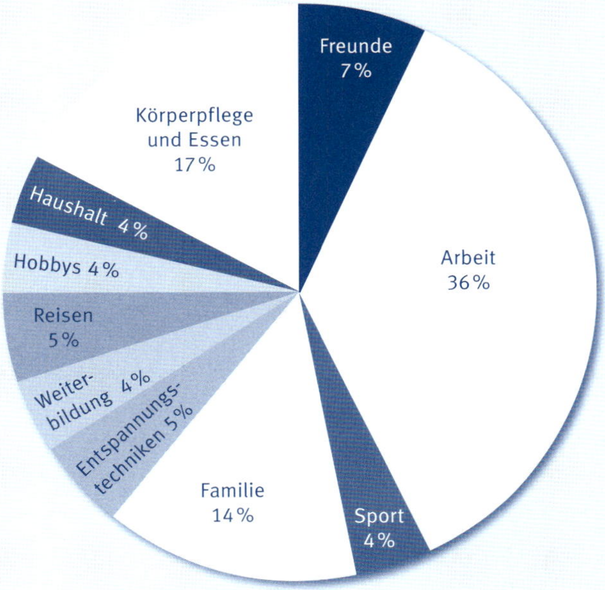

Abb. 7: Wofür verwende ich meine Zeit?

5. Versehen Sie jedes Kuchenstück mit Zeichen, die verdeutlichen, wie Sie die Größe des jeweiligen Stückes zukünftig verändern wollen („++" = stark vergrößern; „+" = vergrößern; „0" = gleichbleibend; „–" = verkleinern; „– –" = stark verkleinern). Setzten Sie sich Veränderungsziele und bestimmen Sie, wie Sie die Umsetzung sicherstellen werden.

Konzentration auf weniges

Aus der Psychologie wissen wir, dass das Kurzzeit- oder Arbeitsgedächtnis immer nur Lernblöcke von 7 +/– 2 gleichzeitigen Informationen aufnehmen kann. Das heißt z. B., wir können uns eine Telefonnummer, die wir noch nie zuvor gehört haben, für ein paar Sekunden gut merken, wenn sie maximal fünf bis neun Ziffern hat. Mehr können sich nur geübte Gedächtnissportler merken.

Der Psychologe George A. Miller hat Untersuchungen angestellt, wie groß die Kontrollspanne von Menschen ist. Er kam zum selben Ergebnis wie die Forscher zum Kurzzeitgedächtnis: Pro Zeiteinheit können wir maximal 7 +/– 2 Dinge kontrollieren beziehungsweise beherrschen. Wann immer es mehr Dinge, Projekte, Arbeitsaufträge etc. sind, die wir versuchen zu managen, laufen wir Gefahr, uns zu verzetteln. Vor allem wenn wir überdurchschnittliche Leistungen erbringen wollen, müssen wir uns deshalb auf weniges konzentrieren. Selbst der weltbeste Zehnkämpfer schneidet in den einzelnen Disziplinen gegen die Spezialisten in diesen Disziplinen nur durchschnittlich ab.

Je mehr unterschiedliche Dinge wir uns aufhalsen, desto schlechter werden zwangsläufig unsere Leistungen. Alle herausragenden Leistungen, sei es in der Kunst, im Sport oder in der Wissenschaft, wurden von Menschen erschaffen, die sich sehr stark konzentriert haben. Ein besonderes Beispiel hierzu liefert Harry Hopkins, engster Berater und Vertreter von US-Präsident Franklin D. Roosevelt in Washington während des Zweiten Weltkrieges. Er war so schwer krank, dass er nur jeden zweiten Tag für ein paar Stunden arbeiten konnte. Ihm blieb gar nichts anderes übrig, als sich strikt auf das Allerwichtigste zu konzentrieren. Trotzdem oder gerade deshalb hat er so viel erreicht, dass Churchill ihn als „The Lord of the Heart of the Matter“ betitelte, was so viel bedeutet wie „der König des Wesentlichen“.

Deshalb empfehlen wir auch Ihnen, sich auf möglichst weniges zu konzentrieren, selbst auf die Gefahr, dass einige Dinge der zweiten und dritten Priorität unerledigt bleiben. Sie geben sich damit die Chance, überhaupt etwas zu bewirken.

Stärken stärken

Sind alle erfolgreichen Menschen rundum perfekte Menschen? Natürlich nicht. Wie wir alle haben auch sie bestimmte Schwächen. Erfolgreiche Menschen machen jedoch eins: Sie haben ihre (wenigen) Stärken klar erkannt und nutzen diese konsequent. Sie versuchen primär ihre Stärken zu stärken und akzeptieren die eine oder andere Schwäche dadurch wohlwollend.

Leider werden wir bereits in der Schule vorwiegend auf unsere Schwächen aufmerksam gemacht. Sind wir in einem Fach nicht ausreichend gut, erhalten wir Nachhilfe, sind wir bei den Klassenbesten, erhalten wir jedoch meist keine Extraförderung. Und so zieht es sich meist durch unser Leben weiter. Häufig versuchen wir unsere Schwächen akribisch zu beseitigen und schaffen es mit Mühe, maximal Mittelmaß zu erreichen. Gleichzeitig versäumen wir es jedoch, unsere Stärken angemessen weiterzuentwickeln und erreichen so nie unser volles Potenzial. Managementexperte und Unternehmensberater Professor Fredmund Malik stellt aus diesem Grund auch das Prinzip der Stärkenorientierung als eines seiner sieben zentralen Managementprinzipien vor. Prüfen auch Sie, wie sehr Sie von Ihren Stärken profitieren!

Übung: Meine Stärken und Schwächen

1. Nehmen Sie sich kurz Zeit, Ihre Stärken und Schwächen zu reflektieren und aufzuschreiben. Wenn Sie Schwierigkeiten haben, Ihre Stärken zu erkennen, fragen Sie sich: Was fällt mir leicht?
2. Stellen Sie sich anschließend folgende Fragen:
   - Welche meiner Stärken kommen in meiner derzeitigen Tätigkeit vor allem zum Tragen?
   - Nutze ich meine Stärken gebührend?
   - Welche Stärken möchte ich weiter fördern? Wie?
   - Mit welchen Schwächen kann ich gut leben?

Arbeitsbedingungen

Mussten zu Beginn der Industrialisierung viele Menschen mit Belastungen wie Lärm, Hitze und schlechter Ergonomie bei der Arbeit umgehen, haben sich die Stressoren am Arbeitsplatz mittlerweile sehr gewandelt. Die körperlichen Herausforderungen sind geringer geworden, dafür müssen wir heutzutage mit einer deutlich höheren Geschwindigkeit, Flexibilität und Komplexität der Arbeit zurechtkommen.

Mit der stetigen Forderung nach Produktivitätssteigerung entsteht zwangsläufig Druck auf die Arbeitsprozesse und damit die darin tätigen Menschen. Grund genug, Organisationen zu analysieren, die es geschafft haben, ihre Prozesse dauerhaft zu verbessern.

Kaizen – der stete Weg zum Besseren

Japan hatte nach dem Zweiten Weltkrieg nur sehr begrenzte Ressourcen und konnte auf keine finanzielle Hilfe der USA bauen. Deshalb wurde in der Produktion von Waren nicht in neue Maschinen investiert, man musste mit dem auskommen, was man hatte. Die einzige Chance, um mit diesen bescheidenen Mitteln auf dem Weltmarkt einzusteigen, war die Analyse und Verbesserung der Produktionsprozesse. Hiermit sollten Kosten gespart werden. Dies traf besonders die Automobilindustrie, die grundsätzlich von der Technik sehr abhängig ist.

In diesem Zusammenhang wurde vor allem von dem Automobilhersteller Toyota der Begriff Kaizen eingeführt und geprägt. Kaizen stammt aus dem Japanischen und beinhaltet die Wörter „Kai" (= Veränderung, Wandel) und „Zen" (= zum Besseren). Es bedeutet also so viel wie „Veränderung zum Besseren". Nach der Idee des Kaizen ist jeder Prozess ständig verbesserungsfähig. Anstatt also einen einmal definierten Produktionsablauf in Stein zu meißeln oder der weitverbreiteten Veränderungsresistenz nach dem Motto „Das haben wir schon immer so gemacht" zu verfallen, war Toyota zu jeder Zeit bereit, auch kleine Verbesserungsansätze stetig umzusetzen. Dadurch werden Prozesse immer reibungsloser und hochwertiger, ohne jemals den Anspruch zu erheben, bereits perfekt zu sein. Nach Jahren der Ausübung von Kaizen in der Produktion ist Toyota zu einem der führenden Automobilunternehmen geworden und noch bis heute in der Prozessqualität sehr hoch einzuordnen.

Dieses „Wunder des Kaizen" ist allerdings nicht nur für die Industrie gültig, sondern kann auch auf das eigene Leben übertragen werden. Auch hier kann man den „steten Weg zum Besseren" gehen und sehr davon profitieren! Sie sollten sich die Zeit nehmen, Ihre eigenen Handlungsprozesse des Lebens zu analysieren und zu überlegen, wo Sie selber noch Verbesserungspotenzial haben. So können schon kleine Prozesse der Veränderung eine Kehrtwende einleiten und zu einem stressfreieren Leben beitragen. Auch bei Kaizen geht es nicht darum, gleich alles in einem Aufwasch zu verändern, sondern kontinuierlich an sich zu arbeiten.

„Man muss halt reden mit den Leuten!"

In unserer Arbeit mit Firmen unterschiedlichster Branchen geht es neben dem direkten Training der Führungskräfte und Mitarbeiter häufig auch darum, Stressprävention in den täglichen Arbeitsprozessen zu installieren. So wurden wir auch von einem erfolgreichen mittelständischen Industrieunternehmen eingeladen, das Teile für die Flugzeugindustrie fertigt. Nachdem wir einige Gespräche mit Mitarbeitern geführt hatten, stellten wir ein interessantes Phänomen fest, das wir schon häufig zuvor in anderen Organisationen sehen konnten: Viele Menschen gehen scheinbar davon aus, dass ihre Kollegen telepathische Fähigkeiten haben.

Fallbeispiel

So beklagte sich z. B. Christian, Sachbearbeiter in der Buchhaltung, dass er alle drei bis fünf Tage eine neue Spesenabrechnung einer Außendienstmitarbeiterin zur Bearbeitung bekam. Anstatt am Monatsende einmal eine gesamte Abrechnung zu bearbeiten, musste er so jede Abrechnung gesondert ins System eingeben. „Sie ist die Einzige, die das so macht, nur weil sie Angst hat, dass sie sonst ihr Geld nicht rechtzeitig bekommt", sagte er uns, überzeugt davon, dass ihr sein Aufwand egal sei.
Im Gespräch mit ihr kam jedoch heraus: Es war ihr weder wichtig, das Geld ein paar Tage früher zu bekommen, noch wusste sie über den erhöhten Arbeitsaufwand ihres Kollegen Bescheid. Sie sagte: „In meiner alten Firma wurden wir angehalten, die Spesen immer spätestens wöchentlich einzureichen. Ich dachte, ich tue der Buchhaltung damit einen Gefallen. Sehr gern erstelle ich nur einmal im Monat eine Abrechnung. Das bedeutet auch weniger Aufwand für mich." Ohne bösen Willen haben die beiden schlicht nicht darüber gesprochen, wie sie sich ihre Arbeit gegenseitig erleichtern könnten, und das seit fast zwei Jahren.

Dies ist nur ein kleines Beispiel, wovon es in zahlreichen Organisationen noch viele gibt. Und nicht nur dort, sondern auch in einer Beziehung, in der Familie und unter Freunden gilt: „Man muss halt reden mit den Leuten!"

Deshalb möchten wir Ihnen raten, sich Gedanken zu machen, wie andere Menschen Ihre Arbeit oder Ihr Leben generell leichter machen können.

Übung: Wie können andere meinen Alltag erleichtern?

Erstellen Sie eine Liste mit den Verhaltensweisen, mit welchen Ihre Kollegen, Mitarbeiter, Familienmitglieder etc. Ihre Arbeit und Ihr Leben eher erschweren und Stress erzeugen. Besprechen Sie diese Punkte mit den jeweiligen Personen und stellen Sie sicher, dass diese verstehen, was ihr Verhalten bei Ihnen verursacht. Vermeiden Sie dabei unbedingt Anschuldigungen und beschreiben Sie die Sachverhalte so neutral wie möglich.

Im ersten Schritt geht es nicht darum, sofort eine Lösung zu finden. Holen Sie sich die andere Person vielmehr als Partner an Bord und fragen Sie sie, ob sie Ihnen helfen kann. Auch wenn es sicher einige Punkte gibt, die unveränderbar bleiben, mit diesem Gespräch stellen Sie sicher, dass Ihr Umfeld versteht, wie es Sie unterstützen kann. Im Sinne des Kaizen sollten Sie diese Übung mindestens einmal im Jahr durchführen.

Unterbrechungen vermeiden

Es gibt Arbeitsunterbrechungen, die lassen sich nicht aufschieben. Wenn z. B. auf der Intensivstation der Alarm ertönt, muss sofort geholfen werden – und nicht erst in fünf Minuten. Aber viele andere Unterbrechungen sind keineswegs so wichtig, dass man sofort alles stehen und liegen lassen muss!

Studien haben gezeigt, dass der Wechsel zwischen verschiedenen Aufgaben mit erheblichen Reibungsverlusten verbunden ist. So haben Forscher der Universität Michigan herausgefunden, dass das menschliche Gehirn um 20 bis 40 Prozent weniger leistungsfähig ist, wenn gleichzeitig statt nacheinander gearbeitet wird. Andere Studien kommen zu ähnlichen Ergebnissen. Jeder, der nur für drei Minuten aus einer Aufgabe herausgerissen wird und sich einer neuen Aufgabe widmet, braucht durchschnittlich zwei Minuten, um bei der alten Aufgabe wieder auf den Stand von vor der Unterbrechung zu kommen. Dabei gilt: Je länger die alte Aufgabe unterbrochen wird, desto länger dauert auch die Wiederaufnahme. Bei ständigen Unterbrechungen kann dies auf den Tag verteilt Stunden kosten. Aber es geht nicht nur Zeit verloren – je komplexer die Aufgaben sind, desto größer ist auch die Fehlerhäufigkeit bei Multitasking und Arbeitsunterbrechungen.

Vermeiden Sie deshalb wo immer möglich Unterbrechungen. Folgende Tipps möchten wir Ihnen dafür geben:

- Reservieren Sie sich Zeitblöcke (jeweils mindestens 30 Minuten) für ungestörtes Arbeiten und halten Sie diese diszipliniert ein.
- Wenn Sie gestört werden, entscheiden Sie, ob es ein Notfall ist und Sie sich sofort darum kümmern müssen oder ob eine spätere Bearbeitung möglich ist. Trifft Letzteres zu, bleiben Sie unbedingt bei der ursprünglichen Aufgabe. Verhalten Sie sich genauso, wenn Ihnen während einer Arbeit eine Idee zu einem anderen Thema einfällt. Notieren Sie diese kurz und widmen Sie sich sofort wieder Ihrer gegenwärtigen Beschäftigung.
- Wenn Sie die gegenwärtige Tätigkeit nicht ganz abschließen können, versuchen Sie wenigstens, diese bis zu einem sinnvollen Zwischenstand zu vollziehen. Es fällt Ihnen danach leichter, wieder einzusteigen.
- Wenden Sie sich nach einer Unterbrechung schnellstmöglich wieder der ursprünglichen Aufgabe zu!
- Analysieren Sie die „Störenfriede“ und reden Sie mit ihnen. Gehen Sie nicht davon aus, dass diese Sie mit bösem Willen stören. Haben Sie auch keine Angst davor, als unkollegial oder unhöflich gesehen zu werden.
- Verwenden Sie Kommunikationsmittel wie Handy, E-Mail etc. sinnvoll (siehe unten).

Richtig umgehen mit Handy, E-Mail und Co

Mögen die Neuen Medien wie Handy, E-Mail, Internet (Web 2.0) etc. uns das Leben erleichtern und unsere Arbeit effizienter machen, so sind sie allerdings auch einer der Hauptgründe für die deutliche Zunahme von Stress in den letzten Jahren. Denn sie ermöglichen es, dass wir an 365 Tagen im Jahr rund um die Uhr erreichbar sind und interessanterweise denken, dass wir das auch müssen. Deshalb begeben sich viele von uns regelrecht in eine Abhängigkeit von diesen Medien. Wenn sich nur eine kurze Pause auftut, dann wird diese schnell mit einer E-Mail gefüllt oder eine Spazierstrecke durch den Wald mit einem Telefonat überbrückt. Selbst im Urlaub wird zum Teil gearbeitet und die Pausen, in denen sich das Gehirn ausruhen kann, werden weniger und der Druck und das Stressgefühl steigen an.

Um sich selber Freiräume zu schaffen und Ihr Leben zu entstressen, beachten Sie folgende Tipps und Tricks zum Umgang mit den Neuen Medien:

- **Gönnen Sie sich Zeiten, in denen Sie nicht erreichbar sind** Auch Sie dürfen einmal nicht erreichbar sein. Die Welt wird hierdurch nicht untergehen. Wenn nichts Wichtiges im Raume steht, dann gehen Sie nicht zu jeder Zeit und an jedem Ort an Ihr Telefon. Besonders wenn Sie sich vorgenommen haben, ungestört an etwas zu arbeiten, leiten Sie ankommende Anrufe auf Ihren Anrufbeantworter um. Sie können diese Anrufe später beantworten. Denn wie oben beschrieben: Sie werden mit weniger Stress mehr erreichen! Abgesehen von der gewonnenen Effizienz sind Zeiten der Nichterreichbarkeit auch eine Sache der Höflichkeit. Beim Essen oder in persönlichen Gesprächen mit anderen Menschen, sei es mit der Familie, mit Freunden, Kollegen oder Geschäftspartnern, sollten Telefonate und Textnachrichten tabu sein.
- **Keine beruflichen E-Mails am Wochenende und im Urlaub** Die Freizeit ist dazu da, um abzuschalten. Viele von uns machen leider den Fehler, dass sie auch am Wochenende und im Urlaub hin und wieder mal ihre beruflichen E-Mails abrufen, um zu prüfen, ob alles in Ordnung ist. Dies ist eine typische eigene Arbeitsbeschaffungsmaßnahme! Denn man wird immer etwas finden, was zu erledigen wäre. Und es ist Fakt, dass man hierdurch nicht wirklich abschalten kann. Machen Sie sich bewusst, dass Ihre Arbeitsstätte zwischendurch auch ohne Sie zurechtkommt, und erholen Sie sich ohne Kompromisse!

- **Richten Sie Abwesenheitsnotizen ein** Verwenden Sie Abwesenheitsnotizen auf Ihrem Handy und in Ihrem E-Mail-Programm, wenn Sie mehrere Tage (z.B. im Urlaub, bei Geschäftsreisen etc.) nicht erreichbar sind. Damit wissen Ihre Kontakte, dass Sie nicht verfügbar sind, und werden dies auch akzeptieren.
- **Hinterlassen Sie für den Urlaub eine Notfall-Telefonnummer** Es kann in seltenen Fällen Notfälle zu Hause oder am Arbeitsplatz geben. Dafür sollten Sie natürlich auch im Urlaub erreichbar sein. Um zu vermeiden, dass Sie deshalb permanent Ihr berufliches Handy dabei haben oder Ihre beruflichen E-Mails checken, machen Sie es einfach wie früher: Hinterlassen Sie Ihre Adresse und eine Telefonnummer (z.B. des Hotels), wo Sie zur Not erreichbar sind. Damit sind Sie, Ihre Familie und Ihr Arbeitgeber abgesichert und Sie werden nicht von unwichtigen Anliegen gestört.
- **Bleiben Sie selbstbestimmt** Letztendlich sollten Sie es sein, der den Ablauf Ihres Lebens bestimmt. Benutzen Sie die Neuen Medien zu Ihrem Vorteil und lassen Sie sich von ihnen nicht zur Geisel machen!

Eigene Regeln aufstellen

Wenn Sie die oben genannten Prinzipien umsetzen, kommunizieren Sie sie an Ihr Umfeld. Sagen Sie Ihren Kollegen, dass Sie zu bestimmten Zeiten nicht gestört werden möchten, weil Sie an einer wichtigen Sache arbeiten. Erklären Sie Ihren Freunden, dass Sie auf Mails, SMS-Nachrichten oder Facebook-Anfragen vielleicht erst nach Tagen antworten. Stehen Sie zu Ihrer Mittagspause und Ihren privaten Terminen. Kurz: Hören Sie auf zu denken, dass alle anderen immer erwarten, dass Sie ständig verfügbar sind. Stellen Sie Ihre eigenen Regeln selbst auf und erziehen Sie Ihr Umfeld. Sie werden sich wundern, wie unproblematisch die Menschen um Sie herum diese akzeptieren werden.

Zeitmanagement

Fallbeispiel

Greifen wir nochmals den oben beschriebenen Fall von Roland auf, der als Bankangestellter und werdender Vater alle Hände voll zu tun hat. Neben seinen vereinzelten Reisetätigkeiten verbringt er die meiste Zeit seines Berufslebens in seiner Heimatbank an seinem Arbeitsplatz.

Roland kam zu uns mit der Bitte, seinen Tagesablauf zu analysieren und Verbesserungsmöglichkeiten aufzuzeigen. Er stand unter starkem Druck und bemerkte, dass er teilweise Probleme hatte, sich ausreichend zu konzentrieren. In seinem wichtigen Projekt, welches absolute Priorität für ihn hatte, kam er auch nicht wie gewünscht voran. Er wusste, dass es so nicht weitergehen konnte, und benötigte deshalb einen Ratschlag.

Wir befragten Roland nach seinem typischen Tagesablauf, den er so beschrieb:

„Mein Arbeitstag beginnt normalerweise um 9 Uhr. Als Erstes checke ich etwa ein bis zwei Stunden lang die aktuellen E-Mails und beantworte hier gleich relativ einfache Kundenfragen. Das mache ich bewusst so, damit ich die kleinen und leicht zu erledigenden Dinge zuerst bearbeitet habe, um mich für den Rest des Tages den wichtigen Aufgaben zu widmen. Gegen 11 Uhr setze ich normalerweise das erste Meeting an, welches bis ca. 12.30 Uhr dauert. Danach habe ich Mittagspause, die ich, wenn möglich, mit einer teaminternen Mittagsbesprechung verbinde, damit ich Zeit spare. Von 14 bis 16 Uhr arbeite ich an meinem wichtigen Projekt. Hierbei führe ich mit meiner Arbeitsgruppe strategische Meetings, Brainstormings, Analysen von Prozessabläufen usw. durch. Obwohl diese Arbeit eigentlich sehr spannend ist, empfinde ich sie häufig als sehr anstrengend. Ab 16 Uhr habe ich dann wieder Zeit für organisatorische Arbeiten, die im täglichen Bankgeschäft durchgeführt werden müssen. Diese fallen mir in der Regel sehr leicht und ich erledige sie absichtlich zu dieser Uhrzeit, da ich hier normalerweise schon sehr müde bin. Gegen 19 Uhr gehe ich dann meist ziemlich erledigt nach Hause."

In Rolands Tagesablauf bemerkt man relativ schnell, dass er grundlegende Regeln der sogenannten Chronobiologie nicht einhält. Dadurch verliert er in seiner Arbeit deutlich an Wirkungsgrad. Es ist nicht verwunderlich, dass er abends müde ist und seine Projektarbeit nicht entsprechend vorangeht.

Chronobiologie – Leben und Arbeiten in Zyklen

Was bedeutet in diesem Zusammenhang Chronobiologie und was kann man durch sie für das tägliche Leben lernen? Hierauf wollen wir nun genauer eingehen und darstellen, wie ein chronobiologisch optimierter Tagesplan auch Ihnen zu mehr Effizienz verhelfen kann.

Was ist Chronobiologie?

Die Chronobiologie beschäftigt sich mit den rhythmisch wiederkehrenden Vorgängen im menschlichen Körper, bei Tieren und bei Pflanzen. Bekannte Beispiele chronobiologischer Prozesse beim Menschen sind die monatliche Periodenblutung bei Frauen, der Schlaf-Wach-Rhythmus (alle 24 Stunden), die sich ändernde Körperkerntemperatur (alle 24 Stunden), die Schlafzyklen (ca. 1,5 Stunden), die minütlich wiederkehrende Darmaktivität, der fast sekündliche Herzschlag und vieles mehr. In der Natur kennen wir vor allem den Gezeitenzyklus (12,5 Stunden), den Tag-Nacht-Zyklus (24 Stunden) und den Jahreszyklus (365,25 Tage) der Erde.

8 bis 12 Uhr Die chronobiologischen Zyklen beeinflussen uns beträchtlich und bewirken, dass wir zu unterschiedlichen Zeiten des Tages variierende Leistungsphasen aufzeigen. Wie die Abbildung unten veranschaulicht, steigt unsere Leistungsfähigkeit am Morgen nach dem Aufstehen an und gibt uns zwischen 8 und 9 Uhr die beste Fingerfertigkeit. Deshalb sollten komplizierte manuelle Tätigkeiten wie medizinische Operationen vor allem um diese Uhrzeit stattfinden. Zwischen 10 und 12 Uhr weisen wir meist unsere größte Kreativität auf, weshalb vor allem geistig anspruchsvolle Tätigkeiten wie Texte schreiben, Brainstormings im Team und die Lösung komplizierter Sachverhalte (z. B. Rechenaufgaben) zu dieser Zeit stattfinden sollten. Analysieren wir nun Rolands Tagesablauf, dann checkt er genau zu dieser hochkreativen Zeit seine E-Mails und „vergeudet“ sie mit einfachen Arbeiten.

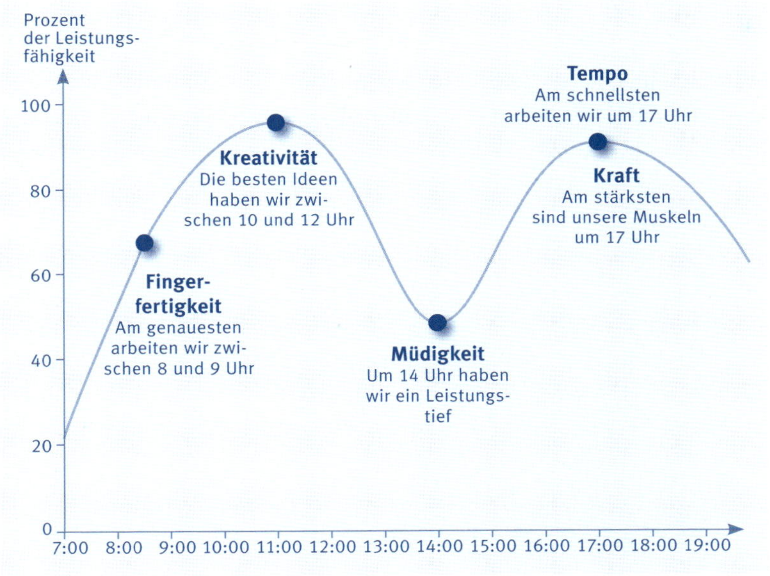

Abb. 8: Leistungsfähigkeit des Menschen in Abhängigkeit von der Uhrzeit (nach Zulley 2005).

12 bis 14 Uhr Um die Mittagszeit vermindert sich dann wieder unsere Leistungsfähigkeit, gegen 14 Uhr sinkt unsere Körpertemperatur wie in der Nacht ab und der Kreislauf wird instabil. Der Köper stellt sich auf einen Mittagsschlaf oder eine Mittagsruhe ein und ist nur sehr eingeschränkt leistungsfähig. Zu dieser Uhrzeit geschehen deshalb auch die meisten Autounfälle des Tages. Idealerweise nimmt man sich also gegen 14 Uhr eine kurze Auszeit. Es reichen schon ein paar Minuten Regeneration. Am besten führen Sie eine kleine Entspannungstechnik oder einen Powernap durch (siehe Seite 62). Zu dieser Zeit sollten am besten keine Meetings oder wichtigen Termine vorgesehen werden. Roland arbeitet dagegen in der Mittagszeit meist durch, obwohl er dann eigentlich eine Pause benötigt, und legt anschließend noch in die tägliche Tiefphase gegen 14 Uhr die Projektarbeit, die oberste Priorität für ihn hat. Dass er hier müde und unkonzentriert ist und nicht wirklich vorankommt, ist rein physiologisch begründet.

14 bis 19 Uhr Nach diesem normalen Mittagstief steigt dann die Leistungsfähigkeit wieder an und gegen 17 Uhr befinden wir uns wieder in einem Hoch. Hier können wir am schnellsten arbeiten und ein starker Anstieg unserer Muskelkraft lässt uns zu dieser Uhrzeit am effektivsten körperlich trainieren (z. B. Fitness, Muskeltraining etc.). Anschließend fällt die Leistungsfähigkeit langsam ab und der Körper bereitet sich allmählich auf den Abend und damit auf den Schlaf vor. Roland hat bereits im Laufe des Tages gegen seinen chronobiologischen Rhythmus gearbeitet und sich damit verausgabt. Sein Akku ist am Nachmittag leer und es bleibt ihm nicht mehr genug Energie, um sein Nachmittagshoch gebührend auszunutzen. Er kann daher ab 16 Uhr nur noch leichte Arbeiten ausführen.

Für Roland war es also in erster Linie wichtig, seinen Tagesablauf an den natürlichen chronobiologischen Rhythmus anzupassen, damit er wieder leistungsfähiger werden konnte. Gemeinsam entwarfen wir mit ihm folgenden neuen Tagesplan:
Die wichtigste Arbeit des Tages, also seine Projektarbeit, wurde auf den Vormittag (9 bis 11.30 Uhr) verlegt. Der Fokus des Tages fiel also gleich auf die ersten Arbeitsstunden! Zu dieser Zeit waren er selber und sein gesamtes Team fit, wodurch sich das Vorankommen des Projektes bereits nach wenigen Tagen spürbar beschleunigte. Ab 11.30 Uhr sollte er dann die wichtigsten Kundenanfragen und organisatorischen Dinge erledigen, für die es am Nachmittag zu spät ist. Die Mittagspause wurde bei 12.30 Uhr belassen, allerdings wurde er angehalten, auch wirklich eine Mittagspause zum Ausruhen zu machen und nur selten ein Gespräch hineinzulegen. Er erlernte eine Atementspannung und konnte durch ein zehnminütiges „Herunterfahren“ wieder deutlich an Vitalität gewinnen.

Alle weniger wichtigen Anfragen, E-Mails und organisatorischen Dinge wurden jetzt in das Mittagstief um 14 Uhr herum verlegt. Da ihm diese Arbeiten leicht von der Hand gehen, ist hier die Fehlerwahrscheinlichkeit gering. Damit beschäftigte er sich bis ca. 16 Uhr. Den Beginn seines ursprünglichen Vormittagsmeetings verschoben wir auf 16 Uhr, da hier wieder eine leistungsstarke Phase beginnt und komplexere Arbeiten gut erledigt werden können. Hierfür sollte er sich bis etwa 18 Uhr Zeit nehmen. Wenn dann noch weitere organisatorische Dinge zu bearbeiten waren (z. B. Vorbereitung für den nächsten Tag, noch ausstehende Kundenanfragen etc.), sollte er dies bis 19 Uhr tun.

Die Umstellung verlangte anfangs etwas Disziplin, jedoch verbesserte sich Rolands Arbeitseffizienz rasch. Weiterhin war er am Ende des Tages längst nicht mehr so erschöpft wie zuvor und hatte am Abend noch genügend Energie, um wieder mit dem Joggen zu beginnen.

Tipp: Den Tagesablauf optimieren

Analysieren auch Sie Ihren Tagesablauf anhand der Chronobiologie und stellen Sie ihn eventuell um. Notieren Sie, zu welchen Zeiten Sie bisher die anspruchsvollsten Arbeiten vollzogen haben, und vergleichen Sie dies mit der Leistungskurve (siehe Abbildung Seite 95). Die Hochs in der Kurve sollten grundsätzlich mit diesen Arbeiten übereinstimmen. Halten Sie eine Mittagspause ein und gönnen Sie sich etwas Ruhe gegen 14 Uhr. Wenn Sie sich daran halten, werden Sie bemerken, dass Sie sehr rasch davon profitieren und noch in Ihnen verborgene „Energieschätze“ heben werden!

Zeit-Planungstipps

Fallbeispiel

Ulrike, eine 45-jährige Grafikdesignerin und Mutter von zwei Kindern, erzählte uns, dass sie große Schwierigkeiten mit ihrer zur Verfügung stehenden Zeit habe. Sie reiche ihr eigentlich nie aus, um das zu erledigen, was sie sich vornehme. Zusätzlich komme sie auch fast immer zu spät. Egal welche Aktivität es auch sei, sie könne den vereinbarten Termin eigentlich nie einhalten. Dabei läge es gar nicht an der Fülle von Aufgaben, die sie zu bewältigen habe, sondern eher daran, dass ihr immer noch etwas dazwischenkomme.

Die eigene Zeit ist kostbar und sollte daher gut geplant werden. Oft sind es typische Fehler, die uns von unseren Aktivitäten abhalten und unsere Zeit vergeuden. Im Folgenden wollen wir typische Zeitfresser betrachten und Ihnen praktische Tipps an die Hand geben, die Ihnen das Leben erheblich leichter machen können.

1. Realistische Zeitplanung

Ulrike bekam von uns als erste Aufgabe, die Aktivitäten eines Tages genau aufzuschreiben und die Minuten zu notieren, die sie jeweils zu spät kam. Dabei sollte sie am Morgen auf einer Hälfte eines Blattes einen SOLL-Plan aufstellen mit den Erledigungen und Plänen des Tages. Auf der anderen Hälfte sollte sie im Laufe des Tages aufschreiben, was sie zu den Uhrzeiten tatsächlich tat. Als sie mit den fertigen Aufzeichnungen zu uns kam, wurde ihr sofort klar: Ihr Plan war schlichtweg zu voll! Das treffen wir sehr häufig bei Menschen an, die immer unter Zeitdruck stehen und häufig zu spät kommen.

Die Aufgaben, die sich Ulrike für jeden Tag gestellt hatte, hätte kein Normalsterblicher in Gänze erledigen können. Im tiefsten Inneren wusste sie das, jedoch blieb ihr scheinbar keine andere Wahl. „Ich versuche es halt irgendwie“, war ihre Aussage. Sie lebte in dem Irrglauben: Je mehr ich einplane, desto mehr kann ich dann auch erledigen.

Diese Planung setzte sie jedoch gleich von Beginn des Tages an unter einen chronischen Druck. Genau dieser Druck verursachte typische Stressreaktionen und führte oftmals zu vielen Reibungsverlusten wie Vergesslichkeit und Fehlern. Somit sank ihre Effizienz.

Hier gilt ganz klar die Devise: Weniger ist mehr.

Gemeinsam mit Ulrike haben wir ihren Terminplan deutlich schlanker gemacht und den Druck herausgenommen. Somit konnte sie entspannter in den Tag starten und akzeptierte mit der Zeit, dass man nicht jeden Tag tausend Dinge schaffen kann. Sie konnte ihre Aufgaben fokussierter und ruhiger erledigen und hat dadurch eher noch Zeit gewonnen.

Tipp: Die 90-Prozent-Planung

In Ihrer Planung der nächsten vier Wochen berechnen Sie 100 Prozent Ihrer zeitlichen Kapazität. Ziehen Sie dann 10 Prozent davon ab und stellen Sie einen Plan auf, der die restlichen 90 Prozent der Zeit füllt (Pausen und Zeit für Unvorhergesehenes inbegriffen). Setzen Sie so bewusst Ihre Messlatte für diese vier Wochen etwas tiefer. Kein Leistungssportler bewegt sich ständig auf 100 Prozent seiner Leistungsgrenze. Auch Sie müssen das nicht!

2. Tennisbälle zuerst terminieren!

Vielleicht haben Sie sich bei der Geschichte mit den Tennisbällen in der Vase ertappt, wie auch Sie ab und an Ihr Leben mit Dingen zweiter und dritter Priorität so vollpacken, dass für die wirklich wichtigen Aspekte kein Platz mehr bleibt. Viele von uns nehmen sich immer wieder vor, mehr Freizeit in das Leben zu integrieren. So soll mal wieder mehr Sport getrieben werden, alte Freunde könnte man kontaktieren, endlich den geplanten Saunaabend durchführen, ein Hobby wieder aufnehmen etc. Leider scheitert dies häufig nicht unbedingt an der fehlenden Zeit, sondern meistens an der eigenen Disziplin. Sollten Ihnen diese Verhaltensweisen bekannt vorkommen, dann ist es sehr ratsam, dass Sie diese wichtigen Dinge fest in Ihren Terminkalender eintragen. Ansonsten haben Sie Ihren Terminkalender blitzschnell mit unterschiedlichsten Aufgaben aufgefüllt und können nichts mehr für sich selbst einplanen. Hier die wichtigsten Grundsätze bei der Terminvergabe für unsere Freizeit:

Tipp: Zeit für Wichtiges blocken

- Betrachten Sie die Liste derjenigen Aspekte des Lebens, die Ihnen am wichtigsten sind (z.B. Familie, Gesundheit, Freunde, Bildung, Spiritualität, ein bestimmtes Hobby, Spaß etc.).
- Blocken Sie für diese Aspekte mit möglichst großem Vorlauf feste Zeiten (z.B. Zoobesuch mit der Tochter zur Eröffnung der Sommersaison in 3 Monaten).
- Richten Sie möglichst regelmäßige Termine ein, die auch für andere gut zu merken sind (z.B. immer dienstags 19 bis 21 Uhr Squash und Sauna).
- Diese Termine sind von höchster Priorität und werden nicht abgesagt – es geht um Ihr Leben!
- Planen Sie auch längere Erholungsphasen wie Urlaub oder verlängerte Wochenenden schon frühzeitig ein.

3. Zeitpuffer für Unvorhergesehenes

Selbst wenn wir unsere verfügbare Zeit realistisch geplant haben, werden uns nicht kalkulierbare Dinge passieren. Mal benötigen Kollegen und Mitarbeiter spontane Termine, mal kommen unvorhersehbare Kundenanfragen, mal passiert ein dummer Fehler. Unsere Welt ist zu komplex, als dass wir alles voraussehen können. Die einzige Sache, die wir sicher voraussehen können, ist, dass Unvorhergesehenes passieren wird.

Deshalb gilt die Grundregel, dass wir eine Stunde pro Tag für Unvorhergesehenes frei halten sollen. Denn wenn Sie von morgens bis abends nur Termine einplanen und sich sonst keine Ausweichzeit mehr übrig lassen, dann kommen Sie zum einen nicht mehr zum Abarbeiten Ihrer Aufgaben. Und hierfür benötigen Sie irgendwann Zeit! Viele nehmen sich diese dann erst am späten Abend oder am Wochenende. Zum anderen hetzen Sie von Termin zu Termin und entwickeln ein gestresstes Grundgefühl über den Tag. Kommt nun zusätzlich etwas Unvorhergesehenes dazu, dann springt Ihr Zeitplan völlig aus den Fugen und Sie geraten in Zeitnot. Die Qualität Ihrer Arbeit sinkt zwangsläufig und Ihr Stress-Level steigt weiter an.

Neben einer blockweisen Reservierung für diese ungeplanten Aufgaben ist auch der Einbau kleiner Puffer in Ihre Tageszeiten sehr sinnvoll. Dies trifft vor allem dann zu, wenn Sie Termine haben, die Fahrtzeiten erfordern. Aber auch zwischen Meetings im Büro sollten Sie immer wieder etwas Zeit einbauen, damit Sie nicht dauernd gehetzt sind. Das können ein paar Minuten sein, in denen Sie sich die Hände waschen, tief durchatmen oder sich etwas zu trinken holen.

Bei Ulrike stellten wir fest, dass die eingeplanten Fahrzeiten zu ihren Terminen alle völlig unrealistisch waren und es überhaupt keinen eingeplanten Puffer für irgendwelche Verkehrsstörungen oder sonstige Zeitfresser wie Tanken etc. gab. Deshalb war sie fast immer unpünktlich!

Tipp: Der 15-Minuten-Puffer

Bauen Sie zur allgemeinen „Lebensentschleunigung“ einen 15-Minuten-Puffer ein. Fahren Sie zu Terminen also so los, als ob der Termin schon 15 Minuten eher beginnen würde. Erleben Sie den Luxus, früher anzukommen und noch etwas Zeit zu finden, um sich beispielsweise auf eine sonnige Parkbank zu setzen. Hier können Sie noch kurz ruhen, bevor Sie in Ihre nächste Verpflichtung gehen.

4. Pausen einplanen

Studien der Gehirnforschung zeigten, dass wir vornehmlich zu drei Zeitpunkten lernen. Erstens, wenn wir eine Tätigkeit durchführen. Zweitens in einer Pause unmittelbar nach der Tätigkeit und drittens über Nacht. Lassen wir die Pause weg, ist auch der Lerneffekt entsprechend reduziert. Diese Erkenntnis zeigt uns, dass die typische Raucherpause neben dem regenerativen Effekt auch gut fürs Lernen ist. Natürlich sollten wir das Rauchen weglassen, aber die Pause selbst ist Gold wert!

Tipp: Mach mal Pause

- Mehrere kurze Pausen (ca. fünf Minuten) über den Tag verteilt sind besser als eine lange.
- Je mehr Sie abschalten, desto besser. Nehmen Sie sich für die Pause nicht anderes vor, als Pause zu machen.
- Eingeplante Pausen sind besser als spontane.
- Wenn wir durstig sind, ist es eigentlich schon zu spät. Und wer dringend eine Pause braucht, hat meist schon zu lange gewartet.

Schaffen wir es nun, unsere Tage sinnvoll zu planen, dann entsteht immer wieder Zeit für Pausen. Manchmal geschieht dies sogar ganz spontan und das sollten wir dann ausnutzen. Ergibt sich beispielsweise zwischen zwei Terminen ein Zeitfenster von fünf Minuten, dann können wir hier einfach mal kurz durchatmen oder vielleicht eine kleine Entspannungsübung durchführen. Wichtig ist, dass Sie dann nicht noch schnell eine Erledigung wie z. B. ein Telefonat, E-Mails schreiben etc. einschieben. Dazu tendieren wir natürlich bei der Fülle unserer Aufgaben, aber besonders diese eingeschobenen Dinge stressen uns mehr, als wir glauben.

Dies hat uns auch Ulrike beschrieben. Denn kam es in seltenen Fällen einmal vor, dass sie zu einem Termin viel besser durch den Verkehr kam als gedacht, dann hat sie meist noch eine Aktivität in die entstandene Ruhepause eingeschoben. So erledigte sie beispielsweise noch einen Schnelleinkauf in einem Supermarkt, als sie merkte, dass sie zu einem Termin wohl etwas eher dran war. Allerdings machte ihr dann wiederum die Schlange an der Kasse einen Strich durch die Rechnung und auch hier kam sie zu spät und total abgehetzt zu ihrem Termin. Ein selbst verursachtes Problem! Es wäre sicherlich besser gewesen, die gewonnen Minuten bei einem entspannten Spaziergang direkt vor dem Termin auszunutzen und pünktlich und entspannt das Meeting zu beginnen.

Tipp: Jede Pause nutzen

Nutzen Sie also jede Pause, die Sie bekommen, ganz bewusst. Wenn sich plötzlich freie Minuten auftun, halten Sie kurz inne und greifen Sie nicht gleich zum Handy oder einer anderen Beschäftigung.

„Systematische Müllabfuhr"

Stellen Sie sich eine Stadt ohne regelmäßige Müllentsorgung vor. Die Einwohner würden in kürzester Zeit an ihrem eigenen Unrat ersticken. Genauso würde es sich mit unserem Körper verhalten. Hätten wir keine funktionierenden Systeme (z. B. Nieren, Leber, Darm etc.), um uns von Abfällen kontinuierlich zu entledigen und zu entgiften, würden wir sterben.

Jeder lebende Organismus praktiziert ständig, was uns in vielen Bereichen unseres Lebens oft schwerfällt, nämlich sich von Ballast zu befreien. Wir Menschen sammeln ständig und unheimlich gerne neue Dinge. Nur leider fehlt uns scheinbar das „Organ", das uns von unnützen, veralteten und nicht mehr brauchbaren Sachen befreit.

Wir raten Ihnen deshalb, das Werkzeug der systematischen Müllabfuhr in Ihrem Leben zu installieren. Alles, was Sie hierfür tun müssen, ist folgende Tipps zu befolgen:

In Bezug auf Ihren Hausrat und Ihre Kleidung

- Sortieren Sie in regelmäßigen Abständen (mindestens einmal im Jahr) alle Dinge in drei Kategorien ein: 1) Dinge, die Sie lieben, die notwendig oder in Gebrauch sind, 2) Dinge, die Sie nicht mehr brauchen, 3) Dinge, die Sie nicht den ersten beiden Kategorien zuordnen können. Behandeln Sie die erste Kategorie mit Sorgfalt. Werfen Sie die zweite Kategorie weg. Zwischenlagern Sie die dritte Kategorie und versehen Sie diese mit einem Datum. Wenn Sie sie ein Jahr lang nicht gebraucht haben, kommen sie in Kategorie 2. Werfen Sie sie dann weg. Diese Dinge werden Sie zu 99 Prozent nie wieder benutzen. Der Organisationsnutzen, den Sie hierdurch erlangen, übertrifft bei Weitem den Verlust des einen Prozents, das Sie eventuell zu viel weggeschmissen haben.
- Immer wenn Sie einer Schublade, einem Ordner oder einer Aufbewahrungskiste etwas hinzufügen, fragen Sie sich, ob Sie dafür etwas Altes daraus wegwerfen können.
- Für jedes neue Kleidungsstück in Ihrem Schrank geben Sie eins in die Kleidersammlung oder Freunden.

In Bezug auf Ihre Tätigkeiten, Projekte und Engagements

- Stellen Sie sich mindestens jährlich folgende Frage: „Was von all dem, was ich heute tue, würde ich nicht mehr neu beginnen, wenn ich es nicht schon täte?“ Geben Sie all diese Tätigkeiten im Rahmen des Möglichen und so schnell wie möglich ab.
- Wenn Sie eine neue Aufgabe, ein neues Projekt oder ein neues Hobby beginnen, schließen Sie dafür ein altes bewusst ab.

Die Job-Familie-Übergangsroutine

Kommt man nach getaner Arbeit nach Hause und hat den Kopf noch nicht ganz frei, überträgt man seine vom Job geprägten Anspannungen und Emotionen ohne Filter auf sein privates Umfeld. Dies führt häufig zu Spannungen und Konflikten.

Daher empfehlen wir unseren Klienten eine sogenannte Job-Familie-Übergangsroutine. Diese sieht vor, dass man nach der Arbeit und vor dem Eintritt in das Familienleben mit einem kurzen Ritual innehält, sich sammelt und dann bewusst auf das Privatleben umschaltet. Sprechen Sie mit Ihrem Partner und Ihren Kindern und vereinbaren Sie, dass Sie nach dem Eintritt in das Zuhause etwa zehn bis 15 Minuten Zeit für sich bekommen, in denen Sie sich entweder umziehen, eine kurze Entspannungsübung machen oder ein anderes angenehmes Ritual durchführen. Die meisten unserer Klienten fühlen sich nach so einer Mini-Auszeit deutlich erholter und werfen sich anschließend mit spürbar mehr Vitalität, Gelassenheit und Freude in das Familienleben.

Berufliche Kompetenz und Weiterbildung

Vor etwas mehr als 200 Jahren wollte der amerikanische Ingenieur Robert Fulton den französischen Kaiser Napoleon Bonaparte davon überzeugen, seine Flotte auf mit Dampf betriebene Schiffe umzustellen. Napoleons Antwort darauf war: „Wie bitte? Sie wollen ein Schiff gegen den Wind fahren lassen, indem Sie unter Deck ein Feuer anzünden? Gehen Sie. Ich habe keine Zeit, mir solchen Unsinn anzuhören!"

Vor etwas mehr als 100 Jahren forderte der damalige Direktor des amerikanischen Patentamtes den US-Präsidenten McKinley auf, die Behörde zu schließen. Er meinte, dass bereits alles erfunden sei, was man erfinden könne.

Zurückblickend können wir über solche Aussagen nur lachen. Genauso wie in 100 Jahren die Menschen auf die heutige Zeit zurückblicken und über diejenigen lachen werden, die heute denken, dass wir das Ende in unserer Entwicklung erreicht haben.

Besonders technologisch getriebene Industrien verändern sich ständig. Im Grunde entwickeln sich aber so gut wie alle Branchen in unterschiedlichen Schüben immer weiter. Wer sich dazu entscheidet, diese neuen Entwicklungen nicht mitzumachen, kann in absehbarer Zeit ins Hintertreffen geraten. Keineswegs müssen wir allen Modeerscheinungen blind hinterherrennen, jedoch ist eine stetige und sinnvoll geplante Weiterbildung unabdingbar. Im Special am Ende dieses Kapitels sprechen wir über die Wechselwirkung zwischen der Komplexität unserer Umwelt und unserer Fähigkeit, diese zu managen. Steigt die externe Komplexität, müssen auch wir unsere Fähigkeiten erweitern, um nicht stetig an Kontrolle zu verlieren.

Das heißt nichts anderes als: Wir müssen dazulernen. Wie das gehirnphysiologisch funktioniert, werden wir im Kapitel „Mentale Kompetenz" beschreiben. Hier nur so viel: Mit allem, was wir tun, hinterlassen wir im Gehirn Spuren. Wiederholen wir eine körperliche oder geistige Handlung, bilden wir Verbindungen zwischen Nervenzellen und bauen so Nervenbahnen, sogenannte neuronale Netze. Durch die Beschäftigung mit Neuem entstehen neue Nervenbahnen. Wenn wir alles so machen, wie wir es immer gemacht haben, dann wird sich in unserem Gehirn nichts verändern – und auch nichts in unserem Leben! Albert Einstein sagte einst: „Die Definition von Geisteskrankheit ist, die gleichen Dinge zu machen und ein besseres Ergebnis zu erwarten."

In einer der obigen Übungen konnten Sie in ein Kuchendiagramm den Zeitaufwand der unterschiedlichen Tätigkeiten in Ihrem Leben eintragen (siehe Seite 83). Vielleicht hieß dort ein Kuchenstück „Weiterbildung“. Wenn nicht, raten wir Ihnen, eins einzufügen. Zukunftsorientierte Unternehmen bieten Ihren Mitarbeitern Weiterbildungen und sehen hierfür ca. zehn bis 15 Tage pro Jahr vor. Egal ob auch Sie einen solchen Arbeitgeber haben oder nicht, reservieren Sie mindestens zehn Tage im Jahr für berufliche oder persönliche Fortbildungen und Seminare.

Übung: Worin möchte ich mich weiterbilden?

Nehmen Sie sich ein paar Minuten Zeit und überlegen Sie:

1. Welche zusätzlichen Fähigkeiten sind für mich sinnvoll, um in den nächsten fünf Jahren meine Arbeit optimal ausführen zu können?
2. Welche persönlichen Entwicklungspotenziale möchte ich in den nächsten fünf Jahren erreichen?

Überschlagen Sie dann, welchen Zeitaufwand diese Weiterbildungen jeweils fordern, und erstellen Sie einen Plan für die nächsten fünf Jahre. Halten Sie sich dabei an den Richtwert von mindestens zehn Tagen pro Jahr.

Jeden Tag dazulernen

Lernen geschieht natürlich nicht nur durch Weiterbildungsseminare. Wir können und sollten täglich dazulernen. Im Folgenden wollen wir Ihnen ein paar Tipps geben, wie Sie am besten für sich lernen können und Ihr Leben damit bereichern:

- Entscheiden Sie sich, über welche Themen Sie auf dem Laufenden gehalten werden möchten, und finden Sie eine geeignete Bezugsquelle (z. B. Fachzeitschrift, Blogs, Twitter etc.). Achten Sie darauf, dass Sie diese Informationen so kompakt und gefiltert wie möglich erhalten und keine Zeit mit unnützen Inhalten verschwenden. Reservieren Sie sich dann täglich oder wöchentlich eine kurze Zeitspanne, um die Informationen aufzunehmen.

- Fragen Sie sich jede Woche einmal, was Sie in den vergangenen sieben Tagen dazugelernt haben. Die bewusste Feststellung verhindert das Vergessen und erzeugt zusätzlich ein gutes Gefühl.
- Sprechen Sie mit einer Person Ihres Vertrauens über Ihre Verhaltensweisen in Beruf und Alltag und besprechen Sie mit dieser, wohin Sie sich entwickeln könnten, um sich das Leben selbst leichter zu machen.
- Lernen und arbeiten Sie in kleinen Schritten, Hauptsache, Sie tun es überhaupt! Praktizieren Sie Kaizen.

Special: Komplexitätsmanagement

Lassen Sie uns einen kleinen Ausflug in die Lehre der Kybernetik unternehmen. Im Kern befasst sich diese mit der Organisation und Kontrolle von komplexen Systemen.

Die Komplexität eines Systems wird als die Anzahl unterschiedlicher Zustände verstanden, die dieses System einnehmen kann. Das heißt, die Komplexität eines sechsseitigen Würfels ist sechs, da er genau sechs unterschiedliche „Zustände“ einnehmen kann, wenn wir ihn werfen. Nehmen wir nun einen zweiten Würfel dazu und werfen beide zusammen, können schon 6 x 6 = 36 unterschiedliche Zustände eintreten. Die Komplexität erhöht sich hiermit schon auf 36.

Wenn Sie nun Ihren Job, Ihr Privatleben, Ihre Familie oder Ihr Leben im Allgemeinen als „zu kontrollierendes System“ begreifen, können Sie sich vorstellen, wie umfangreich die unterschiedlichen Zustände hier sein können. Eine wahrlich große Herausforderung!

Um diese Herausforderung annähernd meistern zu können, verfasste William Ross Ashby, einer der zentralen Figuren der Kybernetik, das

Gesetz der erforderlichen Komplexität. Dieses Gesetz besagt, dass die Kontrollinstanz ein System nur so weit beherrschen kann, wie sie jeden der möglichen Zustände kontrollieren kann. Das heißt, je größer die Komplexität der Kontrollinstanz ist, desto mehr kann sie die Komplexität ihrer Umwelt durch Steuerung vermindern. Für uns heißt das nichts anderes als: Auf je mehr unterschiedliche Eventualitäten wir im Leben eine wirksame Antwort besitzen, desto mehr können wir unser Leben kontrollieren.

Um zu sehen, wie wir unsere Fähigkeit erhöhen können, unser Leben im Griff zu behalten, lassen Sie uns als Beispiel den Polizeidienst betrachten. Ziel der Polizei ist es, die Menschen im Land zu schützen und Verbrechen zu verhindern. In den Industriestaaten steht dafür ca. ein Polizist für rund 500 Einwohner zur Verfügung. Es ist klar, dass somit keine 100-prozentige Sicherheit der Bevölkerung gewährleistet werden kann. Die Polizei eines jeden Landes hat nun zwei Möglichkeiten, die Sicherheit zu erhöhen: Zum einen könnte die eigene Komplexität erhöht werden, indem mehr Polizisten eingestellt würden. Zum anderen könnte die Komplexität des Verhaltens der Gesellschaft verringert werden. Dies wird mit verschiedenen Hilfsmitteln getan wie dem Formulieren von Gesetzen und Sanktionen, vorherrschenden Moralvorstellungen, dem Einsatz von Überwachungskameras, Waffen etc.

Für Sie bedeutet das: Entweder Ihr Leben vereinfachen oder Ihre Fähigkeit erhöhen, das komplexe Leben zu meistern. Am besten beides! Das Leben vereinfachen Sie unter anderem mithilfe folgender Dinge:

- Konzentration auf das für Sie Wesentliche
- Vereinfachung der Arbeitsprozesse
- Aufstellen von Spielregeln in der Zusammenarbeit mit anderen Menschen
- Installation von Systemen (z. B. klares Ablagesystem)
- Verwendung von Routinen (z. B. den Schlüsselbund und die Geldbörse zu Hause immer am gleichen Ort ablegen)

Ihre Fähigkeit, mit dem Leben umzugehen, erhöhen Sie durch ständiges Dazulernen!

Zusätzlich können Sie z. B. folgende Werkzeuge benutzen:
- Delegieren von bestimmten Verantwortungen
- Verbesserung des eigenen Zeitmanagements
- Optimale Nutzung von Kommunikationsmedien (z. B. Einladung an alle Beteiligten in einer einzigen E-Mail) und Kalenderfunktionen (z. B. automatische Geburtstagserinnerungen)
- Verwendung von Checklisten

Mentale Kompetenz: Eine Frage der Einstellung und des Blickwinkels

Alles in unserem Leben beginnt mit unseren Gedanken. Gedanken sind Kräfte. Mit ihnen können wir gewinnen oder verlieren. Sie können uns glücklich oder unzufrieden machen. Wir haben die Wahl! Wir können unsere Gedanken frei bestimmen. Wie das geht, zeigen wir Ihnen in diesem Kapitel.

Der österreichische Neurologe und Psychiater Viktor Frankl wurde wegen seiner jüdischen Abstammung während des Zweiten Weltkrieges gefangen genommen und in die Konzentrationslager Dachau und Auschwitz deportiert. Während des Dritten Reiches verlor er sowohl seine Eltern als auch seine Frau. Er selbst überlebte die Zeit und wurde zum Begründer der sogenannten Logotherapie.

In seinem Buch „… trotzdem Ja zum Leben sagen" spricht Frankl über das Leben im Konzentrationslager und die Psychologie der Lagerinsassen. Als Kernbotschaft schreibt er, dass man einem Menschen vieles antun kann. Man kann ihn seines gesamten Hab und Gutes berauben. Man kann ihm seine Familie wegnehmen. Man kann ihm seine Freiheit entziehen. Man kann ihn schlecht ernähren, ihn foltern und zu Zwangsarbeit verpflichten. Jedoch eine Sache kann man nicht: Einfluss nehmen auf die Art und Weise, wie er auf diese grausamen Dinge reagiert. Frankl macht deutlich, was wir in unserem vergleichsweise paradiesischen Leben oft vergessen: Ganz egal, was mit uns geschieht, wir können immer frei entscheiden, wie wir darauf reagieren. Sogar im Konzentrationslager besaßen die Menschen die „letzte menschliche Freiheit, sich zu den gegebenen Verhältnissen so oder so einzustellen".

Wenn uns jemand auf der Straße die Vorfahrt nimmt, reagieren viele von uns mit Ärger. Vielleicht schimpfen oder hupen wir sogar. Wir halten unser Handeln für gerechtfertigt und lassen unserem Unmut freien Lauf. Doch wir hätten auch ganz anders reagieren können.

Solange wir uns dieser unumschränkten Freiheit bewusst sind und die Verantwortung dafür übernehmen, dass wir diejenigen sind, die auf alles „so oder so" reagieren können, solange macht unser Leben nach Frankl auch Sinn. Je mehr wir diese Verantwortung abgeben, desto mehr werden wir zum Spielball der äußeren Umstände. Lobt uns z. B. heute jemand oder bekommen wir ein nettes Kompliment, geht es uns gut. Werden wir von einem Kollegen schlecht behandelt oder jemand nimmt uns die Vorfahrt, werden wir ärgerlich oder wütend. Das Umfeld muss nur ein paar Knöpfe bei uns drücken und schon verändert sich quasi automatisch unser Zustand.

Verantwortung

Im Englischen gibt es ein schönes Wortspiel. Verantwortung heißt auf Englisch „responsibility". Teilen wir dieses Wort in seine beiden Bestandteile, erhalten wir die Wörter „response" (= Antwort/Reaktion) und „ability" (= Fähigkeit/Möglichkeit). Verantwortung in diesem Sinne betrachtet bedeutet dann nichts anderes als die Möglichkeit oder Fähigkeit, zu antworten beziehungsweise zu reagieren.

Verantwortung soll aber nichts krampfhaft Ernstes oder „Spaßbefreites" sein, das uns das Leben beschwerlich machen soll. Vielmehr beschreibt dieses Wort die größte Freiheit unseres Lebens oder, wie Frankl es ausdrückt: „die geistige Freiheit des Menschen, die man ihm bis zum letzten Atemzug nicht nehmen kann, und die ihm auch noch bis zum letzten Atemzug Gelegenheit bietet, sein Leben sinnvoll zu gestalten."

Fallbeispiel

Vor einiger Zeit hatten wir eine Klientin namens Susan. Sie kam zu uns mit dem Ziel, wieder mehr Lebensfreude und Energie zu bekommen. Der positive Antrieb, der sie einst auszeichnete, sei in den letzten Monaten verloren gegangen. Unter anderem schilderte sie uns, wie sie in letzter Zeit schon schlecht gelaunt und demotiviert ins Büro kam. Sie sagte, dass sie gar nichts dagegen machen konnte. Wenn sie auf dem Weg ins Büro den Leuten in der Straßenbahn in die Gesichter sah, erblickte sie meist nur miese Stimmung, Müdigkeit und Feindseligkeit. Das wirkte sich bereits in den Morgenstunden negativ auf ihren Gemütszustand aus, ohne dass sie etwas dafür konnte. Sie konnte ja die Gesichter und den Charakter der anderen nicht ändern.

Dies bestätigend, gingen wir aus der Praxis auf die Straße und setzten uns auf eine Bank. Wir baten sie, uns ihre ersten Eindrücke von jedem der vorbeigehenden Menschen zu schildern. Und tatsächlich: Auch bei dieser Übung kamen fast nur Aussagen wie „Angeber" oder „unsympathischer Typ" zustande. Nach ein paar Minuten gaben wir ihr eine Zusatzaufgabe. Sie sollte nun eine einzige positive Eigenschaft pro Person nennen. Obwohl sie diese Menschen nicht kannte, sollte sie versuchen sich vorzustellen, was diese Person vielleicht gut konnte oder welchen positiven Charakterzug sie haben könnte.

Susan probierte es aus und hatte anfänglich große Probleme. Die negativen Assoziationen kamen erkennbar schneller hervor als die positiven. Sie gab aber nicht auf und am Ende der Session schaffte sie es, sich neben einigen negativen Dingen zumindest eine positive Eigenschaft in jeder Person vorzustellen. Sie hatte dann die Aufgabe, dieses Prinzip 40 Tage lang jeden Morgen anzuwenden und uns zwischendurch ihre Eindrücke zu berichten. „Wow!", sagte sie nach einer Woche. „Die Menschen erscheinen auf einmal viel freundlicher, ja sie verhalten sich sogar zum Teil so. Noch nie haben mich so viele Menschen angelächelt, mir die Türe aufgehalten und sogar mal eine nette Bemerkung gemacht."

Susan hatte bereits zu Beginn unserer gemeinsamen Arbeit eine wichtige Lektion in ihrem Leben gelernt: Wenn wir uns Mühe geben, das Gute in den Dingen und Menschen um uns herum zu sehen, wirken sie zwangsläufig auch positiver. Wir haben die Wahl!

Deshalb wollen wir in dem folgenden Kapitel vier Bereiche aus dem mentalen Training vorstellen, die wir selbst in uns beeinflussen und bearbeiten können. Hierbei betrachten wir den Sinn des Lebens, die Achtsamkeit, unterschiedliche in uns verankerte Stressverstärker und das sogenannte emotionale Management. Viele dieser Techniken werden schon seit Jahren von Leistungssportlern erfolgreich angewendet. Sie machen es uns besonders gut vor, wie man es schafft, sich in einen positiven emotionalen Zustand zu bringen, Nervosität in den Griff zu bekommen und Leistung auf den Punkt zu bringen. Die gute Nachricht ist: Jeder von uns kann diese Techniken erlernen, in sein „normales Leben" einbauen und davon maximal profitieren.

Die Frage nach dem Sinn

„Sei du selbst die Veränderung, die du dir wünschst für diese Welt."

Mahatma Gandhi (1869–1948)

Unsere Arbeit mit Patienten, Spitzensportlern und Managern beginnt fast immer mit folgender Frage: **„Warum?"** Was wir damit meinen, ist: „Was bewegt dich, das zu tun, was du tust? Und was bewegt dich, es so zu tun, wie du es tust?"

Häufig arbeiten wir einige Zeit daran, diese Fragen gründlich zu beantworten. Erst dann beginnen wir mit der weiteren Arbeit.

Motivation, die von innen kommt

Wie Simon Sinek es in seinem Buch „Start with Why" auf Unternehmensebene beschreibt, können wir jedes menschliche Verhalten auf drei Ebenen betrachten. Zum einen können wir beobachten, *was* eine Person tut, z. B. Zeitung lesen, Fußball spielen oder arbeiten. Des Weiteren können wir in gewisser Weise auch betrachten, *wie* diese Person Zeitung liest, Fußball spielt oder arbeitet. Sie kann dies nämlich entweder aufmerksam oder abgelenkt, selbstbewusst oder ängstlich, mit Enthusiasmus oder genervt etc. tun. Zu guter Letzt gibt es für jede Handlung ein *Warum*. Dieses Warum beschreibt unsere Motivation und ist ausschlaggebend für das Wie und Was. Wenn wir z. B. die Zeitung lesen, weil es für uns am Sonntagvormittag nichts Schöneres gibt. Wenn wir es kaum erwarten können, die Geschehnisse der Woche zu erfahren, werden wir das Lesen mehr genießen und die Inhalte deutlich besser verarbeiten und behalten, als wenn wir uns die Zeitung nur aus Pflichtgefühl vornehmen oder weil von uns erwartet wird, dass wir uns auf dem Laufenden halten. Genauso verhält es sich mit allen Dingen im Leben. Tun wir sie in erster Linie aus einem Pflichtgefühl heraus oder aus extrinsischen (von außen her angeregten) Faktoren wie Geld oder soziale Anerkennung, wird sich der Erfolg auf Dauer in Grenzen halten. Tun wir die Dinge aber aus intrinsischem (von innen heraus angeregtem) Antrieb, wie Liebe zum Tun selbst, natürlichem Wissensdurst, Neugier oder Freude an der eigenen Verbesserung, setzen wir oft ungeahnte Kräfte frei und erreichen außerordentliche Dinge ohne das Gefühl von Überanstrengung. Dies ist mittlerweile auch von der Neurobiologie als erwiesen anerkannt. Der Mensch lernt am meisten, wenn er sich für den Lernstoff begeistern kann. So ist Lernen auch im hohen Alter noch möglich.

Welch motivierende Kraft ein „höheres" Ziel freisetzen kann, bewies eindrücklich die japanische Damen-Fußballmannschaft, als sie im Jahre 2011 in Deutschland Weltmeister wurde. Vor dem Turnier wurden einige andere Mannschaften den Japanerinnen als weitaus überlegen eingestuft. Als das Turnier jedoch voranschritt, konnte man die besondere Energie dieser Mannschaft immer deutlicher erkennen. Das Wie war von immensem Herzblut, herausragendem Teamgeist und schier unbezwingbarem Siegeswillen geprägt. Mit dieser Kraft konnte sie sogar die USA im Finale bezwingen.

Abb. 9: Japanische Damen-Fußballmannschaft nach dem Gewinn der Weltmeisterschaft 2011 in Deutschland – während des Turniers entwickelte das Team eine besondere Energie.

Wenn wir versuchen zu analysieren, woher diese besondere Kraft kam, stellen wir fest, dass sich das Warum dieser Spielerinnen deutlich von dem der anderen Mannschaften unterschied. Nach dem schlimmen Erdbeben und der daraus folgenden Atomkatastrophe von Fukushima, die viele Menschen das Leben gekostet haben, standen das Land und die gesamte Bevölkerung noch unter Schock und Trauer. In dieser sehr harten Zeit wollten die Nationalspielerinnen ihren Landsleuten etwas Positives und Aufmunterndes bieten. Sie wollten ihnen in dieser tragischen Situation einen Grund geben, stolz zu sein, und so ihren Beitrag zum Wiederaufbau leisten. Zusätzlich sind die Japanerinnen mit einem Gefühl von Dankbarkeit nach Deutschland angereist. Sie wollten der ganzen Welt für die Unterstützung danken, die ihr Land in der Katastrophe erhalten hatte. In Summe also ein Warum, das deutlich über die Siegprämie von rund 13.000 Euro und das durch den Sieg erhaltene öffentliche Ansehen hinausgeht.

Wenn wir uns also Ziele stecken, egal in welchem Bereich unseres Lebens (Job, Familie, Freizeit), ist es eine gute Idee, sich die Frage nach dem Sinn zu stellen. „Warum bin ich hier aktiv?“ „Warum möchte ich dieses Ziel erreichen?“ „Welchen Sinn erfüllt diese Tätigkeit für mich?“

Wer hierauf neben den extrinsischen Gründen wie materieller Gewinn und Ansehen auch klare und intrinsisch motivierte Antworten geben kann, wird seine Ziele eher erreichen und gleichzeitig den Weg dorthin deutlich mehr genießen. Die folgenden Übungen sollen Ihnen dabei helfen, die Kraft intrinsischer Motivation für sich selbst zu nutzen:

Übung: Wofür lebe und arbeite ich?

Stellen Sie sich vor, Sie haben 10 Millionen Euro im Lotto gewonnen! Was würden Sie in Ihrem Leben ändern? Vielleicht würden Sie ein Haus und ein neues Auto kaufen, eine Weltreise durchführen, Ihren Familienmitgliedern eine Freude bereiten oder dergleichen. Nach der ersten Euphorie wird Ihnen die entscheidende Frage bleiben: „Was mache ich nun mit meinem Leben? Womit verbringe ich meine Zeit, wenn ich nicht mehr arbeiten muss?“

Nehmen Sie ein Blatt Papier und einen Stift und versuchen Sie aufzuschreiben, was Sie, abgesehen von Geldverdienen und sozialem Status, von innen heraus motiviert und wofür Sie leben und arbeiten wollen.

Übung: Welchen Nutzen erzeuge ich mit meiner Arbeit?

In Bezug auf Ihren Job stellen Sie sich folgende Fragen: „Was bewirke ich mit meiner Tätigkeit für meinen Arbeitgeber und/oder dessen Kunden?“ „Welchen Nutzen erzeuge ich mit meiner Arbeit?“ Und: „Wie muss ich diese Arbeit leisten, um den besten Nutzen zu generieren?“ Auch wenn der Beitrag eines einzelnen Mitarbeiters für den Erfolg eines Großkonzerns oft schwer zu definieren ist, so sollte er doch in einer speziellen Abteilung oder Firmeneinheit ersichtlich sein. Wenn Sie selbstständig sind oder sich um die Familie kümmern, fragen Sie sich: „Welchen Nutzen generiere ich für die Familie, meine Kunden oder die Gesellschaft?“ Je klarer Sie hierauf antworten, desto sinnvoller und erfreulicher werden Sie Ihre Tätigkeiten erleben.

Übung: Warum tue ich, was ich tue?

Nehmen Sie ein weiteres Blatt Papier zur Hand und schreiben Sie darauf all die Funktionen, die Sie in Ihrem Leben wahrnehmen. Diese könnten Ihr Job sein, Ihre Rolle in der Familie, das ehrenamtliche Engagement in einem Verein oder der Politik, ein intensiv ausgeübtes Hobby und vieles mehr. Listen Sie dann für jede dieser Funktionen Ihre inneren Beweggründe auf. Warum tun Sie, was Sie tun? Materieller Gewinn und die Anerkennung anderer sollen hier unbeachtet bleiben.

Achtsamkeit

Zu Beginn dieses Kapitels möchten wir Sie auf eine kleine gedankliche Reise einladen. Stellen Sie sich kurz (nicht im Detail) folgende Dinge nacheinander vor:

1. Das Abendessen vom Vortag: Was gab es zu essen? Wo haben Sie es eingenommen? Waren noch andere Menschen dabei?

2. Letztes Weihnachten: Wo haben Sie es und mit wem verbracht? Können Sie sich noch an ein Geschenk erinnern, das Sie verschenkt haben?
3. Der nächste Urlaub: Mit wem soll es wann wohin gehen? Wenn es noch nicht feststeht, was steht zur Option?
4. Ihre Nasenspitze: Versuchen Sie den Atem zu spüren, wenn er in die Nase ein- und wieder herausströmt.

Wie schwierig war diese Aufgabe? Konnten Sie sich die Dinge nacheinander einigermaßen vorstellen? Wohl schon! Den allermeisten Menschen fällt diese Aufgabe sehr leicht, da unsere Gedanken wunderbar zwischen Vergangenheit und Zukunft hin- und herreisen können. Unser Geist ist so gesehen Weltmeister im „Zeitreisen" und praktiziert dies oft pausenlos im Alltag. Häufig denken wir während der Durchführung einer Tätigkeit bereits an die nächste Aufgabe. Oft können wir das „Gedankenkino" kaum mehr abschalten und grübeln fast ununterbrochen über Vergangenes oder Zukünftiges.

„Waren die Teilnehmer an der Sitzung heute mit meinem Vortrag wirklich zufrieden?" „Werde ich morgen wohl alles schaffen?" „War ich heute vielleicht etwas ungerecht zu meinem Mann?" Fragen wie diese lassen unseren Geist heiß laufen wie einen Motor, der ständig übertourig gefahren wird.

Zudem werden wir permanent von unserer Umgebung abgelenkt. Die Fülle an äußeren Reizen, die tagtäglich auf uns einwirken, ist immens und nimmt stetig zu. Da scheint es wenig verwunderlich, dass immer mehr Menschen den Kontakt mit der Gegenwart und dem eigenen Selbst verloren haben. Sie können sich selbst nicht mehr richtig fühlen und leben ein Leben im „Automatik-Modus". Wie ein Hamster im Rad oder ein ferngesteuerter Roboter hasten viele durch den Tag, getrieben von ihrer To-do-Liste. Und alles nur, um am nächsten Tag in gleicher Manier zu handeln.

Bewusst im Hier und Jetzt

In einer solchen Situation ist es wichtig, eine effektive Methode zur Beruhigung des Geistes anzuwenden. Sie benötigen etwas, was Sie wieder klar denken lässt. Die Lösung hierfür ist eigentlich ganz einfach: Achtsamkeit!

Achtsamkeit verhilft uns dazu, aus dieser Mühle herauszutreten. Sie dient dazu, uns ins Hier und Jetzt zu befördern, zu beruhigen und zu erden. Der Begriff wurde schon vor 2500 Jahren in der buddhistischen Tradition Asiens geprägt. Sie beschreibt die „absichtsvolle, nicht wertende, bewusste Wahrnehmung des aktuellen Moments“.

Auf unser Leben angewendet, heißt Achtsamkeit nichts anderes, als den Versuch zu unternehmen, mit den Gedanken im Hier und Jetzt zu bleiben und den gegenwärtigen Moment mit all unseren Sinnen wahrzunehmen. Dabei wollen wir den Moment zwar genau wahrnehmen, jedoch nicht bewerten oder darüber urteilen.

Am besten können wir diesen scheinbar verloren gegangenen Zugang hierzu von kleinen Kindern lernen. Sie beschäftigen sich eingehend mit einem Gegenstand (z. B. einer Rassel), drehen ihn auf jede Seite, beobachten nur und urteilen nicht. Sie scheinen in ihrem Element zu sein, und die Welt um sie herum verliert sich.

Im Vergleich zu Kleinkindern sind wir sehr schnell bei der Hand mit unseren Urteilen, und das – wie unsere am Anfang dieses Kapitels beschriebene Klientin Susan – meist auf negative Art und Weise. Wenn wir es jedoch schaffen, wirklich achtsam zu sein, können wir die meist zerstreute und fremdgesteuerte Energie unseres Geistes wieder sammeln. Unsere Sinne werden zunehmend schärfer und unser Geist fokussierter und ruhiger. Deshalb ist die systematische Schulung der

Achtsamkeit die Basis für alle regenerativen Entspannungstechniken und Grundlage für eine ausgeglichene und stressfreie Lebensführung.

Zurück zu unserer kurzen Gedankenübung am Anfang des Kapitels. Bei der Beantwortung welcher Frage befanden Sie sich achtsam im Hier und Jetzt? Der einzige achtsame Zeitpunkt war wohl der, an dem Sie Ihren Atem spürten. Dies liegt daran, dass wir zwar mit unserem Geist „zeitreisen" können, mit unserem Körper jedoch nicht. Der Körper ist immer im Hier und Jetzt. Und immer wenn wir uns auf unseren Körper konzentrieren, sind wir automatisch in der Gegenwart. Deshalb sind unser Körper und die Sinneswahrnehmung auch die effektivsten Schlüssel zur Achtsamkeit.

Im Folgenden wollen wir Ihnen einige effektive Achtsamkeitsübungen an die Hand geben, die unter anderem auch Leistungssportler erfolgreich anwenden. Sie helfen Ihnen, sich ins Hier und Jetzt zu versetzen und einen Zustand der Achtsamkeit zu erzeugen – besonders wenn Sie unter Druck stehen und von Gedanken geplagt werden.

Übung: Die fünf Dinge

Halten Sie kurz inne und schauen Sie sich bewusst um. Zählen Sie nun innerlich fünf Dinge auf, die Sie in diesem Moment gerade sehen. Abhängig davon, wo Sie diese Übung durchführen, können dies Bäume, Vögel, Autos, eine Flasche, ein Regenschirm oder andere Dinge sein. Schließen Sie anschließend die Augen und zählen Sie innerlich fünf Dinge auf, die Sie gerade hören. Der eigene Atem könnte eins davon sein oder Geräusche des Windes, das Zwitschern der Vögel oder das Auftreten der Schuhe beim Gehen. Anschließend sagen Sie sich innerlich fünf Dinge auf, die Sie momentan fühlen. Dies könnten die Temperatur der Luft im Gesicht, ein bestimmtes Körperteil, die Kleidung auf der Haut oder weitere Empfindungen sein.

Besonders effektiv ist diese Übung, wenn Sie sie wenige Minuten vor einer wichtigen Präsentation, einem schwierigen Gespräch oder einer entscheidenden Prüfung durchführen. Mit dieser Übung können Sie dann gezielt und aktiv Ihre Aufmerksamkeit wieder ins Hier und Jetzt lenken – egal wie durcheinander Sie sein mögen. Sie können damit Ihren Geist für ein paar Minuten beruhigen. Das ist, wie wenn man den heiß laufenden Motor eines Autos ein paar Grad herunterkühlt, damit er wieder leistungsfähig wird.

Bei der folgenden Gehmeditation haben Sie Gelegenheit, nicht nur den Mund, sondern auch den Geist ruhig zu halten. Diese im Grunde sehr einfache Übung erscheint manchen Menschen als echte Herausforderung. Anfangs sind sie es einfach nicht gewohnt, scheinbar nur langsam voranzukommen und nicht reden zu dürfen. Aber die Übung lohnt sich – probieren Sie sie aus! Besonders gut geeignet ist sie auch für einen kleinen Teil Ihres Arbeitsweges oder für die Mittagspause.

Übung: Stille Wanderung

Diese Übung können Sie eine Stunde lang machen, es reichen aber auch schon 15 bis 20 Minuten. Gehen Sie still und sehr langsam durch die Natur und konzentrieren Sie sich dabei auf die Atmung. Atmen Sie z. B. über drei bis vier Schritte ein und über drei bis vier Schritte wieder aus. Halten Sie Ihre Aufmerksamkeit nur bei der Atmung. Wenn andere Gedanken kommen, lassen Sie sie ohne Ärger vorbeiziehen und konzentrieren Sie sich einfach wieder auf die Atmung. Wenn dem Geist dabei langweilig wird, vertrösten Sie ihn auf die Zeit nach der Übung. Jetzt hat er ein paar Minuten Auszeit.

Diejenigen Leser unter Ihnen, die gerne kochen, haben den Zustand sicher schon erlebt, der mit der folgenden Übung angestrebt wird: Sie sind mit voller Aufmerksamkeit nur noch beim Kochen und schalten komplett ab vom Alltagsstress.

Übung: Achtsam kochen

Benutzen Sie zum Kochen hochwertige Zutaten, schneiden Sie diese liebevoll klein und stimmen Sie die Kräuter fein ab. Sie sind mit allen Sinnen dabei, riechen und schmecken das Essen genau ab, platzieren es ästhetisch auf dem Teller und servieren den passenden Wein dazu. Vielleicht legen Sie auch noch eine schöne Musik ein und freuen sich, wenn es den Gästen schmeckt. Ein derart zubereitetes Essen ist ein wahrer Akt der Achtsamkeit und ein Geschenk für unser Wohlbefinden. Versuchen Sie diese Übung auch, wenn Sie nur eine Kleinigkeit oder einen Snack für sich selbst zubereiten. Seien Sie mit allen Sinnen voll dabei.

Erinnern Sie sich noch an die Art der Bäume am Wegrand, die Form der Straßenlaternen oder die Farbe der Sitze in der Straßenbahn heute Morgen auf Ihrem Arbeits- oder Einkaufsweg? Häufig kommen wir ans Ziel, ohne den Weg wirklich wahrgenommen zu haben. Meist weil wir dabei in Gedanken versunken waren.

Übung: Achtsamer Arbeitsweg

Wenden Sie die Fünf-Dinge-Übung (siehe weiter oben) für Ihre tägliche Wegstrecke zur Arbeit, zur Schule, zum Bäcker etc. an. Versuchen Sie Ihren Weg ganz bewusst in allen Einzelheiten wahrzunehmen und die Zeit zu nutzen, um Ihren Geist zu beruhigen.

Weitere klassische Achtsamkeitsübungen stellen die buddhistische Teezeremonie, die Blumenzeremonie oder die Durchführung von Entspannungstechniken dar. Im Grunde können Sie Achtsamkeit jedoch mit jeder Tätigkeit trainieren. Dazu gehört auch Sport, Aufräumen, Bügeln, Staubsaugen, Basteln, mit Kindern spielen usw. Immer wenn wir uns mit der jeweiligen Tätigkeit voll und ganz beschäftigen und mit all unseren Sinnen dabei sind, trainieren wir die Achtsamkeit. Und dies wirkt schon, wenn wir uns hierfür täglich nur fünf Minuten Zeit nehmen.

Stressverstärkende Verhaltensmuster

Wir alle tragen stressverstärkende Verhaltensmuster in uns. Es sind die auf Seite 20 beschriebenen Knöpfe, die von außen gedrückt werden und Stress auslösen können. Die bei unseren Klienten am meisten ausgeprägten Stressverstärker sind folgende:

- ein innerer Drang, immer beliebt sein zu müssen
- ein ausgeprägter Perfektionismus
- eine extreme Vorsicht
- das Bedürfnis, immer Stärke zeigen zu wollen

Der Perfektionist z. B. darf keine Fehler machen und liefert deshalb, aus innerem Antrieb heraus, nahezu immer eine sehr gute Arbeit ab. Der Stressverstärker treibt also eine Verhaltensweise an. Man spricht deshalb in diesem Zusammenhang auch von inneren Antreibern. Die allermeisten Menschen besitzen mindestens einen dieser Antreiber, wobei diese nicht von Haus aus negativ sind. Sie haben erst dann schädliche Auswirkungen, wenn wir sie übertrieben praktizieren und uns damit überlasten.

Bei fast allen unserer stressgeplagten Klienten waren ausgeprägte Stressverstärker eine der Hauptursachen für ihren Zustand. Diejenigen stressverstärkenden Muster, die in unserer Arbeit am häufigsten anzutreffen sind und am stärksten wirken, wollen wir nun beleuchten und aufzeigen, wie Sie sich am wirksamsten davon befreien können.

Mangelnde Abgrenzung: „Ich will immer beliebt sein"

„Ich habe zu lange zu viel für andere mit zu wenig Rücksicht auf mich selbst getan." So oder mit ähnlichen Worten beschreiben viele Klienten ihre zum Teil übertriebene Neigung, sich nach anderen zu richten, ihnen zu helfen und immer beliebt sein zu müssen. Diese Menschen sind oft sehr konfliktscheu und wollen andere um keinen Preis enttäuschen. Sie wollen, dass sich andere Menschen in ihrem Umfeld immer wohlfühlen. Das Wort „Nein" kommt ihnen nur sehr schwer über ihre Lippen, wenn sie jemand um einen Gefallen bittet. Diese Menschen leiden unter dem Stressverstärker der mangelnden Abgrenzung.

Obwohl viele dieser Menschen die stressverursachende Wirkung dieser Gedanken und Verhaltensmuster spüren, unternehmen sie nur selten etwas dagegen. Das innerliche Stressgefühl wächst, ohne dass sie wirksame Methoden zur Entschärfung des Stressors einsetzen.

Fallbeispiel

Genauso verhielt es sich auch mit Sophia, einer unserer Klientinnen. Sie sagte: „Ich weiß, dass es schlecht für mich ist. Aber ich kann nicht anders! Ich kann einfach nicht egoistisch sein und nur an mich denken. Ich hasse Streit und mag andere einfach nicht verletzen." Sie tat, was viele mit der Neigung zur mangelnden Abgrenzung tun. Sie entschied sich für das kleinere der beiden Übel. Lieber wollte sie die negativen Folgen ihres „Sei beliebt"-Stressverstärkers ertragen, als ins Gegenteil abzudriften.

In gewisser Weise ist das ja auch einleuchtend. Denn all die oben genannten Verhaltensweisen und Denkmuster haben im Grunde einen sehr guten Kern. Alle basieren auf edlen Eigenschaften wie Hilfsbereitschaft, Kompromissfähigkeit, Mitgefühl, Freundlichkeit. Diese positiven Eigenschaften waren es, um die es Sophia eigentlich ging. So wollte sie sein und vergaß dabei, dass ein Zuviel des Guten schädlich ist. Genauso wie ein Zuviel an Sport und ein Zuviel an gutem Essen schädlich für uns ist.

Deshalb benötigen wir einen Ausgleich oder eine Art Versicherung, die uns vor der Übertreibung schützt. Diese Versicherung galt es auch bei Sophia zu finden und in ihrem Leben zu installieren. Wichtig dabei war, dass diese Versicherung die genannten positiven Grundeigenschaften nicht beeinträchtigen durfte. Sie brauchte vielmehr ergänzende Fähigkeiten und Denkmuster, die neben ihrem Einfühlungsvermögen bestehen konnten. In Sophias Fall waren dies hauptsächlich drei Fähigkeiten.

1. Als erste Fähigkeit durfte sie erkennen, dass **niemandem geholfen ist, wenn sie sich selbst schlecht fühlt.** Es war wichtig für sie zu erkennen, dass sie nur dann wirklich anderen helfen und ein guter Partner sein konnte, wenn sie selbst in Balance war und es ihr gut ging. Sie durfte lernen, zuerst auf sich zu schauen, damit sie wirklich empathisch sein konnte. Eine alte indianische Weisheit sagt hierzu: „Es ist noch nie ein Mensch gesund geworden, nur weil ein anderer krank geworden ist. Es ist noch nie ein Mensch reich geworden, weil ein anderer Mensch arm geworden ist. Und es ist noch nie ein Mensch glücklich geworden, weil ein anderer unglücklich geworden ist.“
2. Als zweite Fähigkeit durfte Sophia lernen, **Neinzusagen**, ohne die Gefühle anderer zu verletzen. Hierbei war es für sie wichtig zu verstehen, dass es in jeder Kommunikation prinzipiell zwei zu berücksichtigende Ebenen gibt. Zum einen existiert die Sachebene, auf welcher wir Meinungen, Fakten und Argumente austauschen. Zum anderen existiert auch immer eine Beziehungsebene. Diese ist grundsätzlich unabhängig von der Sachebene. Wir können uns in einer bestimmten Sache uneinig sein, jedoch in einer sehr intakten Beziehung zueinander stehen und umgekehrt. Sophia durfte erkennen, dass es keineswegs die Beziehung zum Gesprächspartner negativ beeinflussen muss, wenn sie zu ihrer Meinung steht. Sie kann jederzeit wertschätzend und verständnisvoll gegenüber einer Person

bleiben und trotzdem eine andere Meinung vertreten. Alles, was es braucht, ist das Bewusstsein, die Sach- und Beziehungsebenen getrennt zu betrachten, und Übung.
3. Als dritte Fähigkeit war es für sie wichtig, die Folgen des Neinsagens **realistischer einzuschätzen.** In der Zeit vor unserer gemeinsamen Arbeit hatte sie die möglichen Reaktionen der anderen auf ihr Nein maßlos überschätzt. Wo sie früher eine Kündigung der Freundschaft erwartet hatte, wenn sie eine Verabredung kurzfristig absagen wollte, durfte sie nun erfahren, dass es zuallermeist gar kein Problem für den anderen war. Zum Teil bekam sie sogar zu hören: „Ehrlich gesagt passt es mir auch besser, wenn wir unser Treffen verschieben."

Nachdem Sophia diese drei Grundsätze in ihr Leben integriert hatte, empfand sie nicht nur deutlich weniger Stress. Aus ihrer Sicht wurden erstaunlicherweise die Beziehungen zu ihren Mitmenschen erheblich ehrlicher, besser und freundvoller. Aus Sicht der Psychologie ist dies nicht erstaunlich, denn wenn wir unseren Mitmenschen authentisch, frei und ungezwungen begegnen und respektvoll unsere eigene Meinung vertreten, strahlen wir eine sehr hohe Attraktivität aus. Andere Menschen sind viel lieber mit uns zusammen, wenn wir ihnen nicht ständig nach dem Mund reden und alles tun, um ihnen zu gefallen.

Entwicklungstendenz

Wenn Sie die Tendenz zur mangelnden Abgrenzung haben, üben auch Sie sich in diesen drei Grundsätzen:

1. Erst muss es Ihnen gut gehen, damit Sie für andere wirksam da sein können.
2. Trennen Sie in Diskussionen immer Sach- und Beziehungsebene.
3. Schätzen Sie die möglichen Folgen Ihres Neinsagens realistisch ein und üben Sie es.

Die folgenden Tipps helfen Ihnen, in Zukunft leichter Nein zu sagen:

Tipp: Richtig Nein sagen

1. Begründen Sie Ihr Nein nur kurz. Entschuldigen Sie sich bloß nicht dafür, dass Sie ehrlich und sich selbst treu sind.
2. Wenn Ihnen das einfache Nein schwer über die Lippen geht, behelfen Sie sich mit folgenden Aussagen:
   - „Sehr gerne ein andermal, aber dieses Mal geht es leider nicht."
   - „Wenn ich etwas mache, möchte ich es richtig machen. Und dafür fehlt mir hier die Zeit. Es wäre nicht seriös, das zu übernehmen."
   - „Es hat nichts mit Ihnen zu tun. So etwas kann ich generell nicht machen."
   - „Wenn ich das tue, komme ich zu sehr unter Zeitdruck."
   - „Ich habe in letzter Zeit meine Familie vernachlässigt. Jetzt möchte ich meine Priorität hier setzen."
   - „Lassen Sie mich kurz prüfen, ob mir das möglich ist." Melden Sie sich dann zurück und sagen Sie höflich ab.

Perfektionismus: „Ich will alles perfekt machen"

In unserer Arbeit mit Spitzensportlern sowie erfolgreichen Managern haben wir es in der Regel mit ausgesprochenen Perfektionisten zu tun. Sie sind überdurchschnittlich motiviert, streben nach exzellenten Leistungen, sind gewissenhaft und arbeiten sehr genau.

Zusätzlich zu diesen sehr positiven und für Höchstleistung notwendigen Grundeigenschaften übertreiben es einige jedoch deutlich. Sie zeigen dann zwanghafte Verhaltensmuster wie z. B. Pedanterie. Sie verlieren sich in Details, müssen alles 150-prozentig erledigen und haben Schwierigkeiten, auch nur geringste Fehler anderer oder von sich selbst zu akzeptieren. Oft ist ihr Selbstwertgefühl einzig von der Leistung abhängig, die sie erbringen. Wer einem derartigen Perfektionismus verfällt, erzeugt unnötig Stress und steht sich selbst mehr im Weg, als dass er erfolgreich wird.

Wenn auch Sie unter diesen Mustern leiden, dürfen Sie lernen, dass sich wahre Perfektion vor allem in einer Sache zeigt, nämlich einer perfekten Einstellung. Sie dürfen sich daher in der Regel in drei Richtungen entwickeln:

1. **Gesunder Umgang mit Fehlern** Der englische Nobelpreisträger der Chemie Harold Kroto wurde von einem Journalisten gefragt, wie viele seiner Experimente in seiner Forschung schiefgegangen waren. Daraufhin antwortete Kroto: „Es waren wohl etwa 99 Prozent der Versuche, die schiefgingen. Wobei Schiefgehen der falsche Ausdruck ist. 99 Prozent der Versuche zeigten mir nämlich, wie es nicht funktionierte. Dann musste ich diesen Weg nicht mehr weitergehen." Kroto weiß sehr gut, dass der einzige Weg, um dazuzulernen, der ist, Fehler zu machen. Gesunde Perfektionisten versuchen natürlich ihr Möglichstes, um Fehler zu vermeiden. Wenn sie dennoch passieren, nehmen sie sie konstruktiv an. Sie akzeptieren sie als menschlich normal und stehen dazu. Hören Sie auf, ständig perfekt sein zu wollen! Mit den Makeln der anderen Menschen können Sie in der Regel auch gut leben. Seien Sie zu sich selbst ebenso großzügig.
2. **Trennung von Leistung und Selbstbild** „Du bist, was du leistet" ist einer der am weitesten verbreiteten und stärksten Stressantreiber. Viele leistungsorientierte Menschen tappen in diese gefährliche Falle und setzen ihr Selbstbild mit dem Erreichen ihrer Ziele gleich. Wenn wir unser Selbst jedoch ausschließlich auf unsere Leistung reduzieren, steigt der Druck unweigerlich. Roger Federer, einer der besten Tennisspieler aller Zeiten, sagte einst hierzu: „Bevor ich erfolgreich werden konnte, musste ich lernen, mich vom Turnierergebnis zu lösen. Ich bin kein besserer oder schlechterer Mensch, wenn ich ein Match gewinne oder verliere. Es zeigt mir nur, ob

ich an den richtigen Dingen arbeite." Erinnern auch Sie sich immer wieder daran: Sie sind mehr wert als Ihre Aktivitäten!

3. **Das Pareto-Prinzip** Dieses Prinzip, das vor allem in der Wirtschaft angewendet wird, beschreibt eine weitere sehr wichtige Erkenntnis für Perfektionisten. Danach werden 80 Prozent eines angestrebten perfekten Ziels mit 20 Prozent des dafür notwendigen Aufwandes erreicht. Für die restlichen 20 Prozent zur Erreichung des makellosen Ergebnisses müssen dann noch zusätzlich 80 Prozent des Aufwandes betrieben werden. Seien Sie mal ehrlich: Verschwenden Sie nicht hin und wieder auch zu viel Energie, um Kleinigkeiten zu perfektionieren? Lernen Sie von erfolgreichen Menschen und konzentrieren Sie sich auf die wichtigsten 80 Prozent. Behalten Sie das große Bild im Blickfeld und erwirken Sie die wesentlichen Zielsetzungen. Alles andere stiehlt Ihnen wertvolle Zeit und Energie für weitere wichtige Aufgaben.

Entwicklungstendenz

Zusammenfassend lässt sich sagen, dass sich die dauerhaft erfolgreichen und gesunden Perfektionisten von den gestressten Perfektionisten vor allem in einem Punkt unterscheiden. Sie besitzen nämlich neben den oben genannten außerordentlich positiven Eigenschaften ergänzende Kompetenzen, die sie in Balance halten. Entwickeln oder pflegen auch Sie vor allem folgende drei Fähigkeiten:

1. konstruktiver Umgang mit Fehlern
2. Verständnis, dass das Selbst mehr darstellt als die Leistungen
3. das Pareto-Prinzip

Übertriebene Vorsicht: „Ich bin stets vorsichtig"

Menschen mit der Neigung zu diesem internen Stressor sind meist extrem risikoscheu. Sie malen gerne schwarz, übertreiben die Folgen eines möglichen Scheiterns, suchen krampfhaft nach Kontrolle und konzentrieren sich mehr auf die möglichen Gefahren als die Chancen in einer Sache.

Obwohl uns diese Denk- und Verhaltensweisen innerlich zum Teil verunsichern und verkrampfen können, beinhalten sie – ebenso wie der Perfektionismus und die mangelnde Abgrenzung – sehr sinn- und wertvolle Grundeigenschaften. Menschen mit diesen Tendenzen sind nämlich meist Menschen, denen man gerne vertraut. Man hat ein gutes Gefühl, sich ihnen anzuvertrauen, weil sie verantwortungsvoll entscheiden und handeln. Meist sind sie gute Projektplaner und Organisationstalente. Stellen Sie sich vor, Sie gehen auf eine Bergtour. Würden Sie lieber einen Bergführer auswählen, der einen Hang zur Naivität und Risikofreude hat, oder einen, der Vorsicht an erster Stelle walten lässt?

Nicht nur Bergtouren profitieren von guter Organisation, Aufmerksamkeit, Vorsicht und verantwortungsvollem Handeln. Bei allen wichtigen Entscheidungen kann uns diese Haltung vor möglichen Gefahren schützen.

Ohne diese positiven Eigenschaften aufgeben zu müssen, sollten wir alle ergänzenden Qualitäten ausbilden, die uns helfen, dass wir uns nicht selbst blockieren. Denn wenn der verantwortungsvolle und vorsichtige Bergführer bei jeder kleinen Wolke eine Gefahr sieht, wird er das Base Camp nie verlassen wollen. Er wird sich lieber verschanzen und die Schönheit und Energie der Berge nie wahrhaft genießen können.

Deshalb dürfen Sie, wenn Sie die Tendenz zur übertriebenen Vorsicht haben, vor allem folgende zwei Denkmuster trainieren:

1. **Gesunder Positivismus** Henry Ford sagte einmal: „Ob du glaubst, du kannst es oder du kannst es nicht: In beiden Fällen wirst du recht haben.“ Mit dieser Aussage beschreibt er die Macht der selbster-

füllenden Prophezeiung und das Phänomen, dass sich in unserem Leben genau die Dinge ereignen, auf die wir unsere geistige Aufmerksamkeit lenken. Richten wir die Aufmerksamkeit vorwiegend auf die Möglichkeiten des Scheiterns, erhöhen wir die Wahrscheinlichkeit dessen mehr, als dass wir es vermeiden. Um die Gefahr des Ausrutschens oder Umknickens auf der Bergtour so gering wie möglich zu halten, sollten wir natürlich im Vorfeld das richtige Schuhwerk auswählen und für die unterschiedlichen Wetter- und Wegverhältnisse so gut wie möglich vorbereitet sein. Wenn wir einmal auf dem Weg sind, ist es jedoch wichtig, dass wir uns nicht auf das Vermeiden des Ausrutschens konzentrieren, sondern auf einen ruhigen und sicheren Schritt. Das Unterbewusstsein versteht das Wort „nicht" nicht. Das heißt, wenn wir uns selbst sagen: „Jetzt bloß nicht ausrutschen", geben wir unserem Unterbewusstsein in Wirklichkeit die Botschaft: „Jetzt bloß ausrutschen". Im Abschnitt „Emotionales Management"gehen wir noch ausführlicher auf den gesunden Positivismus und die Möglichkeiten der sinnvollen Selbstprogrammierung ein. Hier nur ein Grundprinzip: Nach dem Versuch, die Risiken zu minimieren, richten Sie unbedingt Ihre geistige Energie auf den gewünschten Prozess und den Ausgang Ihres Vorhabens. Sie geben sich so die deutlich bessere Chance auf Erfolg und reduzieren den inneren Druck und die Angst.

2. **Die möglichen Folgen eines Scheiterns richtig einschätzen** Bei unserem Beispiel der Bergtour kann ein Missgeschick schwerwiegende gesundheitliche Folgen haben. Dies ist ähnlich beim Fliegen eines Flugzeuges oder bei schwierigen medizinischen Operationen. Vorsicht ist hier tatsächlich überlebensnotwendig. Viele unserer alltäglichen Aufgaben beinhalten jedoch weitaus geringere Gefahren für unser Leben. Und trotzdem entwickeln wir manchmal eine künstlich hochstilisierte Angst vor relativ harmlosen Folgen. Wir machen sprichwörtlich aus der Fliege einen Elefanten. Im Abschnitt über Framing (siehe Seite 147) gehen wir noch genauer auf diese Tendenz ein und wie wir sinnvoll damit umgehen. Versuchen Sie

dieser Tendenz nicht zu folgen und ordnen Sie eine misslungene Sahnetorte oder eine verpatzte Präsentation vor Kunden als genau das ein, was sie sind: eine misslungene Sahnetorte und eine verpatzte Präsentation. Die Welt wird sich weiterdrehen. Sie werden deshalb Ihr Leben und Ihre Familie wohl nicht verlieren. Und Sie sind dadurch keinesfalls ein schlechterer Mensch geworden.

Entwicklungstendenz

Wenn Sie sich ängstlich oder eingeschüchtert fühlen, sehen Sie dies niemals als Schwäche. Dieses Gefühl hat seine gute Berechtigung und die damit verbundene Vorsicht ist eine sehr wichtige und förderliche Eigenschaft. Sie sichert uns sogar das Überleben. Achten Sie also darauf, nicht in blinde Naivität, Unaufmerksamkeit oder übertriebene Risikobereitschaft zu verfallen. Gleichzeitig versuchen Sie die zwei oben beschriebenen ergänzenden Eigenschaften zu pflegen beziehungsweise zu entwickeln: einen gesunden Positivismus und das richtige Einschätzen der möglichen Folgen eines Scheiterns.

Übertriebene Selbsterwartung: „Ich muss immer stark sein“

Fallbeispiel

Thomas war ausgeglichen und rundum erfolgreich. Er war glücklich verheiratet, Vater eines 4-jährigen Sohnes, machte Karriere als Unternehmensberater und spielte Tennis in der zweithöchsten Liga Deutschlands in seiner Altersgruppe. Ein Musterleben – bis zu seinem Breakdown mit 41 Jahren. Es war für ihn ein ziemlicher Schock. Zum ersten Mal in seinem Leben brauchte er nun Hilfe.

In unserer gemeinsamen Arbeit beschrieb er, was viele Erfolgsmenschen ausmacht: Er übernimmt die volle Verantwortung für sein Leben und möchte das Beste daraus machen, und zwar in allen Bereichen. Nach eigenen Angaben war er dabei jedoch ein wenig über das Ziel hinausgeschossen. Er erhob die Überzeugung, immer stark sein zu müssen, zu einem Zwang. „Das ist ja das, was die anderen auch von mir erwar-

ten! Wenn es Probleme gibt, werde ich gefragt, wie man sie löst, egal ob im Job oder zu Hause." Im Streben, dieses tolle Image ja nie zu beschädigen, wurde er langsam, aber sicher krank.

Entwicklungstendenz

Seine Entwicklungsarbeit führte Thomas vor allem in drei Richtungen. Ohne seine Selbstständigkeit und sein Verantwortungsbewusstsein zu schmälern, lernte er

1. authentischer zu werden,
2. Hilfe anzunehmen und
3. seine Belastungsgrenze sinnvoll zu setzen.

Wenn auch Sie eine Tendenz zur übertriebenen Selbstanforderung in sich tragen, helfen Ihnen folgende Ansätze:

1. **Authentisch werden** Werden Sie sich bewusst, dass es die „eierlegende Wollmilchsau" einfach nicht gibt. Noch nie war jemand in allem kompetent. Albert Einstein war wohl ein begeisterter Geigenspieler. Über Mittelmaß kam er aber nie hinaus und das war auch okay für ihn. Es machte ihm Spaß, ohne dass er den Anspruch erhob, ein großer Virtuose sein zu müssen. Üben Sie, vor anderen zuzugeben, dass Sie etwas nicht können oder nicht wissen. Hören Sie auf, krampfhaft zu versuchen, ein starkes Image zu projizieren. Virginia Satir bringt es schön auf den Punkt: „Ich bin nicht in Ordnung, du bist nicht in Ordnung, und das ist ganz in Ordnung so." Sie werden merken, dass Ihre Umwelt Sie deshalb nicht als Versager abstempelt. Ganz im Gegenteil: Wer seine Schwächen zeigt, zeigt Stärke! Thomas fiel es anfangs schwer, nicht immer derjenige zu sein, der jede Lösung sofort parat hatte. Indem er jedoch öfter zugab, nicht alles zu wissen, motivierte er seine Kollegen, bei der Lösungsfindung deutlich aktiver zu werden, als das früher der Fall war. Und seine Frau empfindet ihn als noch liebenswerter, seitdem er ab und an auch einmal eine Schwäche zeigt. Eine Win-Win-Situation für alle Beteiligten!

2. **Um Hilfe bitten** Alleine der Akt, dass er zu uns gekommen war, um Hilfe zu erbeten, zeigte Thomas, wie erleichternd dies im Leben sein kann. Früher verbrachte er oftmals lange Stunden, um bei bestimmten Fragestellungen gewissermaßen das Rad neu zu erfinden. Lieber wollte er die Lösung selbst erarbeiten, als auf der Arbeit anderer aufzubauen. Folgendes neues Vorgehen half ihm maßgeblich: Am Beginn eines neuen Projektes sucht er nun generell einen Experten, der diesbezüglich mehr Erfahrung hat als er selbst, und fragt ihn nach guten Tipps. Erst dann beginnt er mit seiner Arbeit. Beginnen auch Sie, mehr um Hilfe zu bitten. Und fragen Sie vor allem früher (z. B. nach dem Weg). Nicht erst, wenn es zu spät ist (und Sie sich bereits verfahren haben).
3. **Belastungsgrenze senken** Früher stellte sich Thomas unbewusst immer folgende Fragen, wenn er seine Arbeiten plante: „Was ist meine absolute Kapazitäts- oder Belastungsgrenze?" „Was kann ich hierin unterbringen, wenn alles planmäßig läuft?" Doch was läuft schon hundertprozentig nach Plan? Indem er sich immer maximal bis zur Belastungsgrenze verplante, gab es nie Leerläufe und Erholungsphasen. Jetzt versteht er, wie unrealistisch das war. Er musste sein Programm ändern und die Belastungsgrenze senken, indem er öfter sagt: „Das schaffe ich nicht!" Auch wenn er es unter Aufbringung aller Reserven doch schaffen könnte. Er behält sich nun ein kleines Belastungspolster zurück. Folgen auch Sie seinem Beispiel und hören Sie auf, immer 100 Prozent zu funktionieren. Nehmen Sie sich die Freiheit heraus, auch einmal unter 100 Prozent zu verplanen und zu geben. Das macht Sie ganz nebenbei auch menschlicher.

Emotionales Management

„Ein Optimist ist nicht jemand, der das Negative nicht sieht. Er weigert sich nur, sich ihm unterzuordnen." Lao Tse (6. Jh. v. Chr.)

Sie bestimmen maßgeblich unser Leben. Sie lassen uns lachen oder weinen. Sie lassen uns mit dem Rauchen beginnen und auch wieder aufhören. Sie fällen unbemerkt Entscheidungen – von der Frage, welches Paar Schuhe wir kaufen, bis zu der Entscheidung, welchen Lebenspartner wir wählen oder welchen Job wir ausüben. Sie kommen oft unverhofft und beherrschen unser komplettes Denken und Handeln. Sie geben uns Antrieb, um Großartiges zu erschaffen oder grausame Dinge zu vollziehen. Nicht zuletzt haben sie in der Entwicklungsgeschichte unser Überleben gesichert: unsere Emotionen.

Unsere Emotionen spielen eine so wichtige Rolle in unserem Leben und dem, was wir daraus machen, dass wir Ihnen hier zunächst ein gewisses Grundverständnis von ihrer Wirkungsweise und den Möglichkeiten der Beeinflussung vermitteln wollen.

Emotionen entstehen aus einem Zusammenspiel vieler Gehirnanteile. Das sogenannte limbische System spielt dabei eine zentrale Rolle. Zu ihm werden im Wesentlichen folgende anatomische Strukturen im Mittelhirn gezählt: Hippocampus, Gyrus cinguli, Amygdala (= Mandelkern), Thalamus und weitere.

Im Gegensatz zur Großhirnrinde geschehen die Prozesse im limbischen System sehr schnell. Deshalb können Emotionen blitzschnell entstehen und sich ausbreiten. Zum Teil lösen bestimme Reize bereits Gefühle in uns aus, bevor wir den Auslöser überhaupt bewusst wahrnehmen.

Die Werbung versucht uns tagtäglich über unsere Emotionen in unserem Handeln zu beeinflussen. Und sie schafft es auch! Werbefachmänner und -frauen sind Meister, wenn es darum geht, bestimmte Emotionen beim Konsumenten zu wecken. Sie benutzen hierzu neben Texten hauptsächlich Bilder, Musik und zum Teil sogar Düfte. Dies sind nämlich die effektivsten Mittel, um das Unterbewusstsein anzusprechen und bestimmte Emotionen zu wecken. Der Verstand bedient sich vornehmlich der Sprache. Er möchte Daten und Fakten verarbeiten. Auf der emotionalen Ebene bewirkt jedoch ein Takt des Lieblingsliedes oder ein Hauch des Parfümduftes des geliebten Partners mehr als tausend Worte.

Acht Techniken, um den inneren Zustand zu verbessern

Leistungssportler wissen besonders gut, wie wichtig es ist, sich gut zu fühlen, um Höchstleistung zu erbringen. Oft trainieren sie monatelang, manchmal sogar jahrelang für einen sportlichen Höhepunkt. Wenn sie nun gerade an diesem Tag mit dem falschen Fuß aufstehen und emotional nicht gut gestimmt sind, könnte sich dies negativ auf das Gelingen auswirken und all die harte Trainingszeit nutzlos machen. Leistungssportlern geht es somit wie uns allen. Sie müssen sich wohlfühlen, um Leistung zu bringen. Was sie jedoch von den meisten Nichtleistungssportlern unterscheidet, ist ihr Wissen und die konsequente Anwendung von Prinzipen und Techniken zur positiven Beeinflussung ihres eigenen inneren Zustandes. Im Folgenden wollen wir Ihnen acht Prinzipien und praktische Werkzeuge an die Hand geben, die Sie in Ihrem Alltag anwenden können, um auch Ihre Emotionen positiv zu nutzen und Ihren inneren Zustand zu verbessern:

1. Visualisierung des idealen Leistungszustandes
2. „Aha“
3. Embodiment
4. HRV-Atmung
5. Priming
6. Framing
7. Positives Denken und Sprechen
8. Lachen und Selbsthumor

Alle diese Ansätze und Werkzeuge haben sich sowohl unter größten Drucksituationen im Leistungssport als auch in der Geschäftswelt und im privaten Leben wiederholt bewährt. Sie sind gleichzeitig von jedermann erlernbar und absolut alltagstauglich. Deshalb sollten sie in jedem emotionalen Werkzeugkasten vorhanden und zum Einsatz bereit sein! Dabei gilt die alte Weisheit: Übung macht den Meister! Emotionen reagieren nämlich ähnlich wie Muskeln. Die am häufigsten stimulierten Emotionen entwickeln sich nach und nach zu den stärksten und zuverlässigsten. Je mehr man trainiert, desto leichter ist es, diese aktiv hervorzubringen.

1. Visualisierung des idealen Leistungszustandes

Sie kennen das Bild von einem Skirennfahrer, wenn er vor einem Abfahrtslauf die Augen schließt, um gedanklich den Parcours durchzufahren. Meist bewegt er dabei auch leicht den Kopf und den Körper. Er versucht sich so gut wie möglich in das Rennen hineinzuversetzen. Dabei stellt er sich innerlich möglichst genau vor, wie die einzelnen Tore gesteckt sind. Er versucht auch, so gut es geht zu spüren, wie es sich anfühlt, wenn er seine Ideallinie fährt. Bei den geübten Rennfahrern dauert die Visualisierung sogar genau so lange (plus/minus zwei bis drei Sekunden) wie das tatsächliche Rennen. Alle Leistungssportler wenden Techniken der Visualisierung an, bevor sie ihre Aktivität ausüben, egal ob Hochspringer, Tennisspieler, Radfahrer, Basketballspieler oder andere Sportler. Sie alle versuchen damit hauptsächlich zwei Dinge zu bewirken: Zum einen wollen sie unmittelbar vor der Aktion die richtigen Gehirnareale stimulieren, welche die gewünschte Bewegung erzeugen. Zum anderen wollen sie sich in den richtigen emotionalen Zustand versetzen, den sie den „idealen Leistungszustand“ nennen.

Die meisten von uns bereiten sich auf wichtige Ereignisse inhaltlich auch gut vor. Wir denken die Präsentation, die Prüfung oder das Gespräch durch und legen unsere Argumente im Vorfeld zurecht. Gratulation, wenn auch Sie dies tun, denn das ist schon die halbe Miete zum

Erfolg! Die zweite Hälfte der Vorbereitung liegt in der Vorbereitung Ihres emotionalen und mentalen Zustandes.

Mit der folgenden Übung können Sie sich vor einem wichtigen Tag oder einem speziellen Ereignis optimal mental einstellen. Führen Sie sie am Vorabend, am Morgen des betreffenden Tages oder unmittelbar vor dem Ereignis durch.

www.romesystem.de/tagesvorbereitung

Der richtige mentale Start in den Tag! Wie Sie am Morgen die Weichen für einen positiven Tag stellen können.

Mentale Vorbereitung auf den Tag

Am Morgen eines Tages oder unmittelbar vor einem wichtigen Ereignis setzen oder legen Sie sich entspannt hin. Gönnen Sie sich fünf Minuten Zeit, um in sich zu gehen.

Nehmen Sie ein paar tiefe und ruhige Atemzüge, wobei sich beim Einatmen die Bauchdecke etwas hebt und beim Ausatmen wieder senkt. Kommen Sie zur Ruhe.

Dann stellen Sie sich folgende Fragen:

- Welchen Ausgang des heutigen Tages/des speziellen Ereignisses wünsche ich mir? Worauf möchte ich heute Abend zurückblicken?
- Wie fühlt es sich an, wenn sich dieser Wunsch erfüllt?
- Damit dieser Wunsch in Erfüllung geht, welche Einstellung hilft mir dabei? Wann und wo hatte ich schon einmal diese Einstellung?
- Wie fühlt es sich an, die mentale Stärke zu haben, eventuell auftretende Schwierigkeiten zu meistern?
- Welche eine Sache möchte ich mir heute vornehmen?
- Wie sehr kann ich den heutigen Tag genießen?

Wenn Sie sich selbst die Antworten auf diese Fragen gegeben haben, nehmen Sie noch ein paar tiefe Atemzüge. Dann können Sie selbstbewusst in den Tag und was auch immer vor Ihnen liegt starten. Sie haben sich mental und emotional gut eingestellt. So können Sie aus jeder Lage das Beste machen.

2. „Aha" – Annehmen und loslassen

In den alten Veden, den heiligen Schriften, auf denen der Hinduismus gründet, steht geschrieben: „Der gegenwärtige Moment ist unveränderbar." Wir können ihn entweder so annehmen, wie er ist, oder uns dagegen sperren. Verändern können wir ihn aber nicht. Er ist, wie er ist!

Wie sollen wir das im Zusammenhang mit emotionalem Management verstehen? Wie passt das mit den Aussagen von Viktor Frankl zusammen, dass wir immer die Wahl haben, uns so oder so zu den Dingen zu stellen?

Was ist, wenn ich den gegenwärtigen Moment nicht akzeptieren möchte? Was, wenn ich ihn ablehne und ihn mir wegwünsche?

Vielleicht waren Sie schon einmal in einer Situation, in der Sie am liebsten im Boden versunken wären. Zum Beispiel als Ihnen vor einer Menge anderer Menschen ein große Peinlichkeit passierte oder Ihnen in einer Präsentation oder einem Gespräch vor lauter Nervosität die Stimme wegblieb. Wenn wir derartige Situationen nicht erst einmal akzeptieren und als Erfahrung annehmen, sind wir in diesem Moment handlungsunfähig. Während wir innerlich versuchen, die Situation abzulehnen oder zu bekämpfen, sind wir wie gelähmt. Wir sind in der Emotion gefangen und je mehr wir dagegen ankämpfen, desto hartnäckiger verankert sich die Situation in uns. Im Englischen bringt es folgender Ausspruch der Veden schön auf den Punkt: „What you resist persists!" Übersetzt heißt das: „Das, wogegen du dich sperrst, wird sich weiter festsetzen!"

Um handlungsfähig zu sein, bleibt uns also gar keine andere Wahl, als den gegenwärtigen Moment erst einmal anzunehmen – und sei er noch so unangenehm. Die erfolgreiche österreichische Mentaltrainerin Kristin Walzer, die zu unseren Mentoren zählt, bringt ihren Schülern in diesem Zusammenhang ein sehr kraftvolles Wort bei, nämlich „Aha". So unscheinbar es zu sein scheint, so wirksam ist es. Indem wir eine negative Emotion anerkennen und sagen „Aha, ich bin wütend", haben wir bereits den ersten Schritt aus der Emotion heraus gemacht. „Aha, ich spüre die Wut in meiner Brust und meinem Bauch. Ich merke, wie sie sich zusammenziehen …" „Aha, ich kenne diese Wut. Ich hatte sie schon ein- oder mehrmals zuvor." Nun sind wir nicht mehr in der Emotion gefangen. Nun können wir beginnen, im Sinne von Viktor Frankl Verantwortung für unsere Reaktion im Denken und Tun zu übernehmen. Nun können wir beginnen, unseren inneren Zustand aktiv zu bearbeiten, um im weiteren Verlauf des Wettkampfes, der Rede, der Besprechung etc. wieder mehr bei uns und unserem idealen Leistungszustand zu sein.

Versuchen auch Sie es. Nehmen Sie beim nächsten Zustand von Ärger, Wut, Enttäuschung oder Angst die Emotion bewusst wahr und spüren Sie, wie sie sich im Körper anfühlt. Nehmen Sie dabei eine beobachtende Position ein, ohne sofort eine Lösung erzwingen zu wollen. Sie werden sehen, dass alleine dadurch die Emotion bereits an Kraft verliert.

3. Embodiment – Der Körper beeinflusst die Gefühle

Im Rahmen einer Studie baten Emotionsforscher ihre Probanden, eine Comicgeschichte zu lesen. Sie alle sollten sie lesen und am Ende beurteilen, wie lustig sie die Geschichte erlebt hatten. Dabei wurden sie völlig zufällig in zwei Gruppen eingeteilt. Die Mitglieder der ersten Gruppe sollten, während sie den Comic lasen, einen Stift zwischen den Zähnen halten. Die Mitglieder der zweiten Gruppe sollten auch einen Stift halten, jedoch nicht mit den Zähnen, sondern mit den Lippen. Der einzige Unterschied zwischen den beiden Gruppen war also, wie sie den Stift hielten. Umso erstaunlicher erschienen die unterschiedlichen Bewertungen. Die erste Gruppe beurteilte den Comic wesentlich amüsanter als die zweite.

Um herauszufinden, warum dies wohl so war, versuchen Sie kurz, einen Stift mit den Zähnen und dann mit den Lippen zu halten.

Sie werden merken, dass sich Ihr Gesicht im ersten Fall eher in ein lächelndes Gesicht verwandelt. Im zweiten Fall entsteht eher ein „Schmollmund-Gesicht“. Vielleicht bemerken Sie einen ähnlichen Effekt wie die Probanden der Studie. Der Körper kann nämlich zwischen einem richtigen und einem „gespielten“ Lachen kaum unterscheiden. Die positive Wirkung auf unseren Körper ist genau die gleiche: Es werden vermehrt Glückshormone ausgeschüttet und Stresshormone reduziert. Näheres zur positiven Wirkung von Lachen beschreiben wir weiter unten.

In einer weiteren Studie wurde den Probanden ein Intelligenztest vorgesetzt. Alle hatten den gleichen Test und alle bekamen unmittelbar nach dem Ausfüllen im Einzelgespräch die Auswertung präsentiert. Unabhängig vom tatsächlichen Resultat wurde dabei jedem Einzelnen ein hervorragendes Ergebnis attestiert: „Gratulation! Sie haben unter den besten 5 Prozent abgeschnitten, die jemals diesen Test gemacht haben.“

Danach sollten die Teilnehmer bewerten, wie zufrieden sie mit ihrer eigenen Leistung waren. Auch hier wurden die Probanden zufällig in zwei Gruppen aufgeteilt. Der Unterschied zwischen diesen beiden Gruppen war, dass die Probanden in der ersten Gruppe die Bewertung an einem normalen Tisch ausfüllen durften. Die Teilnehmer der zweiten Gruppe hatten einen sehr tiefen Tisch vor sich, sodass sie sich stark nach unten beugen mussten, um ihre Antworten zu markieren.

Auch bei dieser Studie ergab sich ein erheblicher Unterschied in der Bewertung der eigenen Zufriedenheit. Die erste Gruppe mit den normalen Tischen war am Ende deutlich zufriedener als die zweite.

Beide Studien belegen, was Schauspieler, Leistungssportler und Menschen, die mit Tieren arbeiten, wissen: Unsere Körperhaltung und Mimik beeinflussen maßgeblich unsere Emotionen.

Es ist nicht nur so, dass wir mit gekrümmter Wirbelsäule, Blick nach unten, flacher Atmung und nach unten gewölbten Mundwinkeln herumlaufen, weil wir traurig sind. Wir sind auch traurig, weil wir auf diese Art und Weise herumlaufen! Die Psychologie hat es mehrfach bewiesen: Jede bestimmte Körperhaltung und jeder bestimmte Gesichtsausdruck erzeugen eine bestimmte emotionale Reaktion in uns. Und so bewegen wir uns häufig in einer emotionalen Negativspirale.

Ein Beispiel: Sie fühlen sich genervt. Folglich nehmen Sie eine genervte Körperhaltung ein und verspannen das Gesicht. Damit senden Sie an den gesamten Körper Signale, entsprechende Hormone und Neurotransmitter zu produzieren, die das Genervtsein unterstützen. Sie fühlen sich noch schlechter, nehmen eine noch schlechtere Körperhaltung ein usw.

Bei Schauspielern wurde sogar nachgewiesen, dass beim Spielen einer Emotion die genau gleichen hormonellen Prozesse ablaufen, wie wenn sie diese Emotion wirklich haben. Das heißt nichts anderes, als dass sie sich durch das Spielen tatsächlich in den gewünschten emotionalen Zustand versetzen können. Folgender englische Leitsatz formuliert dieses Prinzip sehr treffend: „Fake it till you make it!" Das heißt so viel wie: „Spiel es dir vor, bis es Wirklichkeit wird!"

Vor einigen Jahren wurde ein berühmter Matador gefragt, ob er denn nicht auch manchmal Angst hätte, wenn er alleine vor dem wilden Stier in der Arena steht. Seine Antwort war folgende: „Natürlich habe ich auch Angst, aber ich weiß, wie ich damit umgehe. Und am wichtigsten: Ich werde meine Angst niemals dem Stier zeigen! Davon hängt mein Leben ab."

Können Sie sich einen Matador vorstellen, der mit hängenden Schultern, ängstlichem Blick und unsicherem Stand in die Arena tritt? Wohl nicht. Ein Stierkämpfer zelebriert förmlich, was wir Embodiment (Verkörperung) nennen! Er bringt sich in eine selbstbewusste Körperhaltung und signalisiert seinem eigenen Körper ebenso wie dem Stier: Ich bin selbstbewusst! Gleichzeitig werden die dem Selbstvertrauen entsprechenden chemischen Prozesse im Körper stimuliert.

Übung: Der Gang des Matadors

Versuchen Sie mit einer aufrechten Körperhaltung durch den Tag zu gehen. Achten Sie bewusst in einer Besprechung, einem Vortrag oder bei sonstigen Aktivitäten hierauf und verändern Sie Ihre Haltung sofort, wenn Sie negative Stimmungen bemerken. Halten Sie Ihren Blick mindestens auf Augenhöhe, entspannen Sie Ihr Gesicht und gehen Sie bewusst den „Gang des Matadors". Sie werden sehen, wie positiv Sie einige Situationen plötzlich empfinden werden.

4. HRV-Atmung – Körper und Geist im Einklang

Unterschiedliche emotionale Verfassungen erzeugen eindeutig unterschiedliche körperliche Reaktionen. Besonders beeinflusst wird dadurch unser Herz oder genauer gesagt die sogenannte Herzratenvariabilität, kurz HRV. In einem gesunden Herzen und einem positiven emotionalen Zustand verändert sich die Geschwindigkeit der Pulsschläge ständig. Bei jedem Einatmen beschleunigt sich die Herzrate und bei jedem Ausatmen verlangsamt sich diese wieder. Je größer diese Geschwindigkeitsunterschiede (= HRV), desto besser.

Fühlen wir uns jedoch gestresst, frustriert oder ängstlich, ist diese Variabilität unseres Herzschlages deutlich geringer und hört auf, sich nach unserem Atem zu richten.

Egal in welchem emotionalen Zustand wir uns jedoch gegenwärtig befinden, sobald wir eine tiefe und ruhige Bauchatmung durchführen, verbessern wir grundlegend das Muster unserer HRV. Diese Verbesserung der HRV bewirkt wiederum eine Reihe von positiven Reaktionen im Körper: Die Produktion von DHEA, der Vorstufe der Sexualhormone, wird angeregt, Stresshormone werden reduziert, das Immunsystem wird moduliert und gestärkt. Weiterhin werden bestimmte Rezeptoren in unserem Gehirn positiv beeinflusst und damit unser Gemütszustand verbessert.

Somit stellt die HRV-Atmung ein entscheidendes und im Leistungssport und in der Stressprävention bewährtes Werkzeug des emotionalen Managements dar. Erfahren auch Sie, wie leicht Sie sich über die richtige Atmung aktiv in einen guten Zustand versetzen können. Dieses äußerst starke und unmittelbar wirksame Werkzeug können Sie beliebig häufig und beliebig lang einsetzen.

Übung: Tiefe Bauchatmung

Bei der entspannten und tiefen Bauchatmung wölbt sich der Bauch bei der Einatmung heraus und zieht sich bei der Ausatmung wieder ein. Atmen Sie dabei etwa vier bis sechs Sekunden ein und genauso lang wieder aus. Üben Sie die tiefe Bauchatmung täglich zehn Minuten lang. Finden Sie dann im täglichen Training Ihren persönlichen Atemrhythmus, der sich am besten für Sie anfühlt.

Die Übung eignet sich auch ideal, um sich am Morgen vor einem wichtigen Ereignis vorzubereiten. Die dabei erzielten positiven hormonellen Effekte halten in der Regel sogar mehrere Stunden an. Sie schaffen sich so eine gute Basis für Ihren idealen emotionalen Zustand.

Praktizieren Sie während des Tages auch zwischendurch immer wieder diese tiefe Atmung. Sie können dies auf dem Weg zum Mittagessen, zwischen zwei Terminen etc. tun und schlagen damit gleich zwei Fliegen mit einer Klappe: Die Herzratenvariabilität verbessert sich und Sie schaffen sich einen Moment der Achtsamkeit.

Probieren Sie es aus und profitieren auch Sie von dieser einfachen und sehr wirksamen Methode zur Regulierung von Emotionen und zur Vorbereitung für eine ideale Leistungsfähigkeit.

5. Priming – Die Macht der Bilder, Töne und Düfte

Die Werbung manipuliert uns mehr, als uns lieb sein kann. Mittels Bildern, Musik und Düften bringt sie uns sehr erfolgreich in den emotionalen Zustand, in dem sie uns haben möchte – ob wir das wollen oder nicht! Würde es denn nicht Sinn machen, die gleichen Waffen wie die Werbefachleute zu benutzen, um uns in einen Zustand zu bringen, in dem wir uns selbst haben möchten?

Dies ist leicht! Wir müssen es nur tun. Die Hilfsmittel der Werbung sind in der Psychologie als Primes (Bahnungsreize) oder unterbewusste Erinnerungshilfen bekannt. Sie umfassen alle Hilfsmittel, die unsere Emotionen direkt, ohne bewusstes Überlegen beeinflussen. Die wohl wirksamsten Primes sind stark emotionale Bilder, Melodien und Düfte.

Nutzen Sie folgende Tipps und stimulieren Sie damit automatisch positive Emotionen in Ihrem Unterbewusstsein, ohne bewusst aktiv werden zu müssen:

- Machen Sie Fotos von schönen Momenten (z. B. einem Sonnenaufgang am Strand oder andere Urlaubsfotos) und platzieren Sie diese Bilder so viel es geht in Ihrem Leben. Sie können sie auf Leinwand produzieren lassen und in der Wohnung aufhängen. Sie können sie auch als Bildschirmschoner am PC oder als Hintergrundbild im Handy benutzen. Immer wenn Sie diese Bilder sehen, setzen Sie einen Mini-Impuls für Ihr gutes Gefühl in Gang.
- Verwenden Sie Passwörter, die etwas mit Ihrem gewünschten Zustand zu tun haben. Beispiele sind „Gelassenheit“, „Surfen 2012“ oder der Name Ihres Lieblingsortes.
- Dekorieren Sie Ihre Umgebung mit Souvenirs aus dem Urlaub, Erinnerungsstücken von erfolgreichen Erlebnissen und Gegenständen,

die Sie mit einem angenehmen Gefühl verbinden. Dies könnten sein: der Skipass des letzten genialen Skitages, die Teilnahmemedaille eines Stadtlaufs, der Stift, mit dem Sie eine wichtige Prüfung bestanden haben, usw.

- Hören Sie häufiger Ihre Lieblingsmusik, besonders wenn Sie auf dem Weg zu einem schwierigen Termin sind. Nutzen Sie diese Musik auch als Klingelton auf Ihrem Handy und Weckton am Morgen.
- Setzen Sie die Macht der Düfte ein und benutzen Sie Essenzen, Duftkerzen oder Räucherstäbchen, die einen für Sie angenehmen Duft erzeugen.

Seien Sie kreativ und lassen Sie sich weitere Ideen einfallen, um Ihr Unterbewusstsein so häufig wie möglich an ein gutes Gefühl zu erinnern! Hier gilt das Prinzip: Je mehr, desto besser!

6. Framing – Auf den Betrachtungsrahmen kommt es an

Die Welt existiert seit Millionen von Jahren und vielleicht auch noch weitere Millionen von Jahren. Wie alt werden wir? 70? 80? 90? 100? Selbst wenn wir noch ein paar Jahre älter werden, sind wir nicht mehr als ein kleiner Wassertropfen im weiten Ozean des Lebens.

Wir tun uns jedoch meist sehr schwer, dies zu akzeptieren. Wie oft sehen wir uns als das Zentrum der Welt? Wie häufig denken wir, dass unsere Probleme die größten und wichtigsten sind? Wie oft denken wir, dass wir unersetzbar sind?

Indem wir unsere Probleme und vor allem die Folgen von möglichen Ereignissen aus einem zu engen Rahmen betrachten, erzeugen wir unnötigen Stress. Wir neigen dann dazu, mit unseren Ängsten zu übertreiben. Wir denken dann, dass ein mögliches Scheitern in einer bestimmten privaten, beruflichen oder sportlichen Situation katastrophal sei. Wir stellen zum Teil sogar unser Selbstbewusstsein beziehungsweise unsere Existenz in Frage. Die Folgen sind unnötiger Druck und Stress.

Anika Sörenstam war wohl die beste Golfspielerin aller Zeiten; ihre Erfolge und ihre Ausnahmestellung sind mit der Dominanz von Tiger Woods im Herrenbereich vergleichbar. Als sie 2003 – in ihrer Blütezeit – den Entschluss fasste, als erste Frau ein Herren-Profiturnier mitzuspielen, war die Golfwelt gespalten. Einige Journalisten empfanden ihr Ansinnen als interessant und waren ihr positiv gesonnen. Daneben gab es jedoch ein großes Lager mit Gegnern und Kritikern. Sie empfanden Sörenstams Ansinnen als einen Affront gegen die männliche Golfszene. Einige männliche Spieler plädierten öffentlich gegen ihre Teilnahme. So löste Sörenstam ungewollt eine Lawine an Diskussionen aus, die für sie den Druck massiv erhöhte. Obwohl sie bis zu diesem Zeitpunkt schon mehr als 50 Turniere auf der höchsten Damen-Tour der Welt gewonnen und unzählige Male bewiesen hatte, dass sie mit Druck umgehen konnte, war dies eine Ausnahmesituation für sie.

Der Tag der ersten Turnierrunde kam. Auf dem Weg vom Aufwärmen zum ersten Abschlag sagte sie zu ihrer Trainerin: „Pia, das Schlimmste, was heute passieren kann, ist, dass ich etwas dazulerne, oder?“ Und wie recht hatte sie! Sie wusste, dass sie im Falle eines „Versagens“ kein schlechterer Mensch wäre. Sie würde von ihrer Familie und ihren Freunden genauso geliebt. Sie hätte immer noch genügend zu essen am Abend und ihre Gesundheit war nicht im Geringsten gefährdet. Und sie ging sogar noch einen Schritt weiter. Sie erkannte, dass sie unabhängig vom Ausgang immer etwas Positives aus diesem Tag mitnehmen konnte. Sie konnte etwas lernen, was sie als Sportlerin und Mensch noch besser machen würde. Dass sie bei diesem Turnier im Mittelfeld landete, wurde als mittlerer Erfolg eingestuft. Viel bemerkenswerter als das Ergebnis aber waren ihre Einstellung und die richtige Einordnung der Folgen eines möglichen Versagens.

Anika Sörenstam zeigt, wie erfolgreiche Menschen mit (möglichen) Misserfolgen umgehen: Sie sehen sie als Bestandteil ihres Bemühens. Sie bewerten die Konsequenzen nicht höher, als sie wirklich sind. Und sie nehmen sie als Chance, weiter zu wachsen. Indem auch Sie den Betrachtungsrahmen (= Frame) so wählen, reduzieren Sie automatisch den Druck, der auf Ihnen zu liegen scheint. So werden Sie gelassener und handlungsfähiger.

Übung: Den Betrachtungsrahmen richtig setzen

Wenn Sie das nächste Mal von Misserfolgsängsten heimgesucht werden, versuchen Sie den Betrachtungsrahmen richtig zu setzen. Fragen Sie sich: „Was ist das Schlimmste, was passieren kann, und wie würde sich das auf mein Leben und auf die Welt im Ganzen auswirken?"

Gehen Sie auch immer in den Tag mit dem Bewusstsein, etwas dazulernen zu wollen. Dies ist langfristig sicher wichtiger, als kurzfristige Erfolge einzuheimsen.

7. Positives Denken und Sprechen

Bis in die 1950er-Jahre herrschte in der Läuferwelt eine Meinung vor: „Es ist unmöglich, die Meile unter vier Minuten zu laufen." Über Jahre hinweg waren die besten Läufer der Welt an dieser magischen Grenze gescheitert. Es gab sogar Ärzte, die attestierten, dass es für einen menschlichen Körper unmöglich wäre, diese Distanz in weniger als vier Minuten zu absolvieren. Während die meisten Läufer und Trainer diese „Wahrheit" annahmen, wollte sich ein Läufer nicht unterordnen: Roger Bannister. Er war es, der 1954 Geschichte schrieb, indem er allen Prophezeiungen zum Trotz die Meile in 3:59 Minuten lief. Dies galt als absolute Sensation. Das weitaus bedeutsamere Phänomen jedoch ereignete sich in der Zeit unmittelbar nach Bannisters neuem Rekord. In den folgenden 18 Monaten schafften es plötzlich 45 weitere Läufer, die Vier-Minuten-Grenze zu unterbieten. Es schien ein gedanklicher Bruch vonstattengegangen zu sein. Plötzlich war klar, dass es möglich ist, so schnell zu laufen, und die vorher bestehende mentale Barriere war aufgelöst.

Diese Geschichte steht stellvertretend für unzählige weitere Beispiele des Phänomens der selbsterfüllenden Prophezeiung.
Drei Leitsätze möchten wir Ihnen deshalb ans Herz legen:

I. Sei dein eigener bester Freund!
II. Suche in den Fehlern anderer keine böse Absicht.
III. Liebe, was du bekommst!

I. Sei dein eigener bester Freund!
„Ich bin nicht gut genug." „Ich kann das nicht." „Ich bin ein Versager." „Ich bin ein Idiot." Denken oder sprechen Sie so manchmal mit sich selbst? Sie wären keine Ausnahme! Und dennoch ist es verwunderlich. Wenn jemand anderer so mit uns spräche, würden wir uns dies nicht bieten lassen. Warum lassen wir es dann zu, dass wir selbst so zu uns sprechen? Jeder dieser Gedanken wirkt in uns. Früher oder später wird sich die Summe dieser Gedanken und Selbstgespräche als selbsterfüllende Prophezeiung manifestieren. Je häufiger wir uns selbst dumm oder unfähig nennen, desto wahrscheinlicher werden wir uns in der Zukunft genauso verhalten. Eine einfache Übung, die uns dabei helfen kann, die große Chance dieser Selbstprogrammierung zu nutzen, ist die sogenannte Selbstgesprächsregulation. Wir führen sie häufig mit Athleten durch und beschreiben sie hier, damit auch Sie davon profitieren können:

Übung: Selbstgesprächsregulation

Falten Sie ein Blatt Papier in der Mitte der Länge nach. Schreiben Sie dann auf die eine Seite alle negativen Gedanken und Selbstgespräche, die typischerweise während einer bestimmten Situation oder generell während eines Tages aufkommen. Bereits in der Betrachtung der Summe dieser Selbstgespräche wird Ihnen vielleicht das selbstzerstörerische Potenzial bewusst, das diese Selbstsuggestionen haben.

Formulieren Sie nun für jeden negativen Gedanken einen alternativen positiven Gedanken. Schreiben Sie diesen jeweils auf die andere Hälfte des Papiers. Dabei ist es oft hilfreich, sich zu fragen: „Was würde ich in der jeweiligen Situation zu einem guten Freund/einer guten Freundin sagen?“ „Wie würde ich versuchen, ihn/sie wieder aufzubauen, wäre er/sie in meiner Lage?“

Führen Sie diese Übung durch und seien Sie dann wachsam, welche Gedanken sich in welchen Situationen in Ihrem Kopf befinden. Wenn Sie nichtförderliches Denken erkennen, sagen Sie innerlich „Stopp!“ und ersetzen Sie es durch den entsprechenden neuen positiven Gedanken. Sie können sich dabei auch einen imaginären Coach oder Freund vorstellen, der Ihnen den positiven Gedanken vorsagt. Beginnen Sie so Schritt für Schritt, Ihr eigener bester Coach oder Freund zu werden!

II. Suche in den Fehlern anderer keine böse Absicht.

Es war einmal ein Autofahrer, der in seinem Cabrio eine kurvige Landstraße entlangfuhr. Der Fahrer eines entgegenkommenden Autos rief plötzlich laut aus seinem offenen Fenster: „Schwein!“ Der Cabriofahrer fühlte sich angegriffen und riss seine Faust reflexartig nach oben. Während er sich noch über diese Unverschämtheit ärgerte, fuhr er um die nächste Kurve. Hier musste er eine Vollbremsung durchführen, um nicht das dort frei laufende Schwein zu überfahren.

Sind wir in unserem Denken nicht häufig zu schnell bei einer negativen Interpretation einer vielleicht sogar gut gemeinten Handlung unserer Mitmenschen? Selbst wenn uns das Verhalten eines anderen stört, müssen wir ihm denn gleich eine schlechte Intention unterstellen? Nicht jeder Autofahrer, der mich auf der Autobahn schneidet, macht dies mit Absicht und weil er mir persönlich schaden möchte. Vielleicht hat er mich nicht gesehen, genauso wie ich schon einmal ein anderes Auto übersehen habe. Vielleicht muss er schnell ins Krankenhaus, weil seine Frau gerade ein Kind bekommt. Die Gründe können vielfältig sein. Erst wenn wir es schaffen, in den Fehlern der anderen keine bösen Absichten mehr zu vermuten, können wir den Weg zu wahrer Gelassenheit finden.

Immer wenn Sie Verärgerung über das Verhalten einer anderen Person verspüren, erinnern Sie sich daran, dass das vermeintliche Fehlverhalten wohl nicht in erster Linie gegen Sie gerichtet ist. Gewinnen Sie so stetig mehr Gelassenheit im Umgang mit Fehlern anderer.

III. Liebe, was du bekommst!

„Hätte ich bloß schon meinen Traummann gefunden." „Wäre ich bloß schlanker und reicher." „Hätte ich bloß weniger Arbeit." Dies sind weitverbreitete Bedingungen, von denen viele Menschen ihr Glück abhängig machen. Diese Menschen streben nach einer Vision des perfekten Lebens und merken dabei nicht, dass es sie frustriert und krank macht. Treten diese Dinge dann nicht ein, beklagen sie sich und sehen sich als Opfer. Treten sie ein, hält das Glück meist nur kurz an und die nächsten Bedingungen werden wieder aufgestellt. Eine sichere Formel zum Unglücklichsein!

Im Gegensatz hierzu bietet folgende Geschichte eine gänzlich andere Herangehensweise:

Nach dem Tod ihres Mannes kam einst eine alte Dame ins Altenheim. Sie meldete sich an der Rezeption an und wartete geduldig, bis ein Pflegemitarbeiter sie zu ihrem neuen Zuhause führen sollte. Auf dem Weg dorthin erzählte er ihr ein wenig über ihr Zimmer. „Ich liebe es", sagte sie mit voller Überzeugung. Der Pfleger schaute sie erstaunt an und meinte, sie solle sich das Zimmer doch erst einmal anschauen und dann entscheiden, wie gut es ihr gefalle. Hierauf erwiderte sie: „Ob mir das Zimmer gefällt, hat nichts damit zu tun, wie die Tapete, die Möbel und der Teppichboden aussehen. Ob mir das Zimmer gefällt, hat einzig mit meiner Interpretation dessen zu tun, was ich darin sehe. Und ich entscheide mich dazu, es zu lieben!" Diese Dame hat die wohl wichtigste Glücksformel des Lebens verinnerlicht:

> **Dauerhaftes Glück kommt nicht daher, dass wir alles bekommen, was wir wollen, denn das wird nie der Fall sein. Wahres Glück kommt vielmehr daher, dass wir alles wollen, was wir bekommen!**

Übernehmen Sie dieses Prinzip in Ihrem Leben und Sie werden nicht nur glücklicher sein, Sie werden auch produktiver und erfolgreicher sein. Das ist in unzähligen Studien der positiven Psychologie und Psychotherapie erwiesen. Machen Sie Ihr Glück nicht vom Erreichen eines Ziels abhängig. Entscheiden Sie sich erst, glücklich zu sein, und erreichen Sie Ihre Ziele dann mit Leichtigkeit.

8. Lachen und Selbsthumor

Humor ist wohl unsere liebste Methode des Stressmanagements. Er kostet nichts, ist extrem leicht anwendbar und erzeugt einen enormen Nutzen.

Immer mehr wissenschaftliche Studien beweisen, was der Volksmund propagiert: „Lachen ist gesund." Tatsächlich kann Lachen dabei helfen, Stress und Schmerzen zu reduzieren, das Immunsystem zu stärken und Muskelverspannungen zu lösen. Zudem können wir durch häufiges Lachen unser Herz-Kreislauf-System stärken und die Gefahr eines Herzinfarktes sogar halbieren. Die Stresshormone Adrenalin und Kortisol werden durch Lachen reduziert und dafür positiv wirkende Endorphine vermehrt produziert. Erwiesenermaßen kann dieser hormonelle Zustand nach nur wenigen Minuten Lachen mehrere Stunden anhalten.

Fortschrittliche Kliniken nutzen den heilenden Effekt von Humor bereits und setzten sogenannte Klinikclowns ein. Und im Yoga gibt es sogar eine spezielle Form des Lachyogas.

Wie wir bei der Framing-Technik bereits beschrieben haben, können wir unsere Reaktion auf schwierige Ereignisse verändern, indem wir etwas als Herausforderung und nicht als Gefahr ansehen. Humor gibt uns eine entspanntere Perspektive und lässt vieles leichter erscheinen. Bei all unseren Bemühungen, unsere Ziele zu erreichen, dürfen wir nicht vergessen, wie unwichtig diese Ziele im Großen und Ganzen für die Welt sind. Dies gilt auch für die Ziele, die wir uns im Rahmen unseres individuellen Stressmanagements setzen. Selbst wenn wir hierbei immer mal wieder scheitern mögen, ist es deutlich besser, über unser eigenes vermeintliches Unvermögen zu lachen, als uns selbst zu kasteien.

Selbst im Buddhismus heißt es hierzu: „Handle stets mit dem Bewusstsein, dass du mit deinem Handeln die Welt veränderst. Am Abend schau zurück und lache über dich selbst und deine Einbildung, dass dein Handeln irgendeine Rolle in der Welt spielen könnte."

Lachen auch Sie mehr und bringen Sie mehr Humor in Ihr Leben. Handeln Sie nach Charlie Chaplins Maxime: „Ein Tag ohne Lachen ist ein verlorener Tag." Folgende Tätigkeiten können Ihnen dabei helfen:

- **Lustige Unterhaltung:** Schauen Sie mehr lustige Kinofilme und Fernsehshows oder gehen Sie öfter mal in ein Kabarett und zu einer Komödie ins Theater.
- **Gemeinsam lachen:** Lachen Sie auch zusammen mit Freunden. Lachen ist ansteckend und Sie lachen sicher noch mehr als alleine. Außerdem erleben Sie witzige gemeinsame Anekdoten, über die Sie zukünftig noch mehrmals reden und lachen können.
- **Fernhalten von Miesepetern:** Lassen Sie sich nicht von negativ eingestellten Kollegen oder Freunden infizieren und meiden Sie das typische „Alles-ist-schlecht-Gejammer" dieser Leute.
- **Die komische Seite der Dinge:** Anstatt sich über frustrierende Dinge im Leben aufzuregen, versuchen Sie darüber zu lachen. Überlegen Sie, wie Sie Ihren Freunden über diese Dinge eine witzige Geschichte erzählen können.

- **Witze erzählen:** Es gibt viele Quellen für gute Witze. Eignen Sie sich immer mal wieder ein paar gute Witze an und erzählen Sie diese Ihren Freunden. Meist inspirieren Sie damit Ihr Gegenüber dazu, auch den einen oder anderen Witz zu erzählen, und schon haben Sie mehr Spaß im Leben.
- **Sich selbst leicht nehmen:** Versuchen Sie, Ihr eigenes Denken und Handeln nicht zu ernst zu nehmen. Gelegentlich über sich selbst zu lachen ist befreiend und wirkt gleichzeitig extrem sympathisch auf andere.

Special: Mentales Tagebuch

„Man kann nicht nicht lernen." Paul Watzlawick (1921–2007)

Es existieren wohl wenige Wissenschaftsrichtungen, in denen es in den vergangenen zehn Jahren so viele neue Erkenntnisse gab wie in der Gehirnforschung. Mit immer moderneren diagnostischen Verfahren konnten die Forscher immer mehr über die sehr komplexen Funktionsweisen unseres Gehirns erfahren. Wir wissen heute, dass bestimmte Gehirnareale für unterschiedliche Funktionen in unserem Körper zuständig sind, und können die Aktivierung von neuronalen Netzwerken zum Teil auf Livebildern verfolgen.

Wir wissen sogar, dass bei Ausfällen von bestimmten Gehirnarealen, wie z. B. nach einem Schlaganfall, zum Teil andere Areale die Arbeit der beschädigten Region übernehmen können.

Lernen mit neuronalen Netzwerken

Wenn wir neue Dinge lernen, bilden wir in unserem Gehirn sogenannte neuronale Netzwerke aus. Um sich dies bildlich vorstellen zu können, möchten wir Sie bitten, sich eine Sommerwiese mit hüfthohem Gras zu denken.

Lassen Sie uns nun annehmen, ein Mensch steht vor dieser Wiese und möchte auf die andere Seite gelangen. Er geht quer durch die Wiese und kommt zufrieden auf der anderen Seite an. Stellen Sie sich nun vor, ein weiterer Mensch kommt an dieselbe Stelle der Wiese und möchte ebenfalls auf die andere Seite. Welchen Weg wird er wohl wählen?

Da sein Vorgänger das hohe Gras beim Durchqueren der Wiese schon etwas niedergetreten hat, ist die Wahrscheinlichkeit hoch, dass er die gleiche Route durch das Gras wählt. Auf dem etwas niedergetretenen Gras geht es sich sicherlich einfacher als auf einer komplett neuen Route.

Angenommen, kurz nach der zweiten Person kommt noch eine dritte an die gleiche Stelle mit der gleichen Absicht. Auch diese Person wird wohl wieder den gleichen Weg wählen. Genauso wie die mögliche vierte, fünfte, zehnte, zwanzigste, hundertste, tausendste etc. Und mit jedem zusätzlichen Spaziergänger wird aus dem etwas niedergetretenen Gras immer mehr ein Trampelpfad und mit zunehmendem „Verkehr" langsam ein Weg.

Übertragen auf unser Gehirn, stellen die ankommenden Menschen bestimmte Reize dar. Der durch das Niedertreten von einzelnen Grashalmen entstandene Weg entspricht einem sogenannten neuronalen Netz, einer Verknüpfung von einzelnen Nervenzellen. Wird der Verkehr im Gehirn noch weiter auf diesen Weg geleitet, wird daraus sogar noch eine Straße und irgendwann eine Autobahn. Und jedes Mal, wenn wir diese Autobahn erneut befahren, bauen wir sie weiter aus, sodass wir beim nächsten Mal noch wahrscheinlicher und noch schneller darauf fahren werden.

So funktioniert im Grunde Lernen! Egal ob es dabei um das Lernen von Vokabeln einer Fremdsprache geht, um das Automatisieren eines Tanzschrittes, um das Erlernen des Autofahrens oder um das Aneignen von bestimmten emotionalen Verhaltensweisen. Indem wir auf spezifische Reize auf eine bestimmte Art und Weise reagieren, bilden wir entsprechende neuronale Verbindungen aus, sodass wir für ähnliche Situationen in der Zukunft die Wahrscheinlichkeit Stück für Stück erhöhen, genauso zu reagieren.

Dies ist eine tolle Sache, denn so müssen wir irgendwann beim Sprechen einer Fremdsprache nicht mehr bewusst Wort für Wort übersetzen. Wir müssen auch irgendwann nicht mehr über die Schrittfolge beim Tanzen oder über die einzelnen Hand- und Fußbewegungen beim Autofahren nachdenken. Wir machen es einfach, gewissermaßen automatisch, weil wir die entsprechenden neuronalen Netze ausgebildet haben.

Leider ist es aber auch so, dass wir in unserem Leben einige nicht sinnvolle Autobahnen in unserem Gehirn ausgebildet haben. Dies ist geschehen, indem wir eher schädliche Verhaltensweisen mehrmals wiederholt haben. Wir haben uns damit Stück für Stück negativ programmiert. Wenn wir z. B. jedes Mal auf einen Fehler eines anderen im Autoverkehr mit einem Wutausbruch und heftigem Gehupe reagieren, verfestigen wir diese Verhaltensweise für die Zukunft. Oft bekommen wir das Gefühl, wir können gar nicht mehr anders reagieren. Jedoch haben wir uns meist nur lang genug selbst so programmiert.

Die gute Nachricht ist, dass unser Gehirn plastisch ist. Das heißt, es ist veränderbar – und zwar ein Leben lang! Wir haben also bis zum Lebensende die Möglichkeit, alle Autobahnen in unserem Gehirn durch ein wiederholtes Befahren weiter auszubauen. Genauso haben wir die Möglichkeit, die unerwünschten neuronalen Netze in unserem Gehirn zurückzubilden. Indem wir sie nämlich nicht mehr befahren, lassen wir die entsprechenden Autobahnen Schritt für Schritt verkümmern und sich zurückbilden. So gilt das alte englische Sprichwort auch für unsere Gehirntätigkeit: „Use it or lose it!", was im Deutschen so viel bedeutet wie: „Wende die Dinge an, oder du wirst sie vergessen!"

Mit jedem Handeln, Reden oder Denken hinterlassen wir Spuren in unserem Gehirn. Wir lernen so ständig alte oder neue Muster, ob wir es wollen oder nicht! Wir können also gar nicht nicht lernen!

Die Frage ist vielmehr: Was wollen wir lernen? Genauso, wie wir uns vielleicht dazu entscheiden, ein bestimmtes Studienfach oder ein Musikinstrument zu erlernen, so können wir uns auch entscheiden, bestimmte mentale Denkweisen und Verhaltensmuster zu erlernen. Wie Viktor Frankl sagt: „Wir haben die Wahl!" Wenn wir durch den Tag gehen und selbstkritische Gedanken hegen, negativ reden und mit Widerwillen handeln, programmieren wir uns automatisch für mehr Selbstkritik, Negativität und Widerwillen in der Zukunft. Wenn wir jedoch darauf achten, mit Selbstbewusstsein und Freude zu handeln, zu denken und zu sprechen, programmieren wir uns genau dafür in der Zukunft. Anfänglich wird es schwierig sein, durch das hohe Gras zu stapfen. Genauso wie ein kleines Kind beim Gehenlernen anfänglich oft hinfällt, werden auch wir beim Erlernen neuer Verhaltensweisen anfänglich des Öfteren „hinfallen". Mit Disziplin und vielen Wiederholungen wird es jedoch immer leichter und die neue Autobahn wird langsam, aber sicher entstehen.

Die folgende Geschichte lehrt uns, uns selbst auf Glück zu programmieren:

Einst lebte ein persischer Weiser, der im ganzen Land bekannt dafür war, immer glücklich und zufrieden zu sein. Obwohl auch er zum Teil schwierige Zeiten zu durchleben hatte, ging er stets gelassen und mit Freude durch das Leben. Grund genug für den damaligen Schah, den weisen Mann zu besuchen, um ihn zu fragen: „Lieber Weiser, was ist denn dein Geheimnis fürs Glücklichsein?" Darauf lächelte der persische Weise milde und antwortete: „Mein Geheimnis sind die roten Erbsen, mein Herr!" Der Schah wunderte sich und fragte nach, was er denn mit den roten Erbsen mache. „Schauen Sie", sagte der Weise und holte aus seiner Hosentasche einige getrocknete Erbsen heraus. „Jeden Morgen nach dem Aufstehen stecke ich mir eine Handvoll roter Erbsen in meine rechte Hosentasche. Jedes Mal, wenn mir an diesem Tag etwas Gutes widerfährt, nehme ich eine Erbse aus meiner rechten Hosentasche heraus und gebe sie in meine linke. Dies mache ich mit jeder Situation, die mir Freude bereitet. Am Abend, bevor ich ins Bett gehe, hole ich dann alle in der linken Hosentasche gesammelten Erbsen heraus. Ich nehme noch einmal jede einzelne in die Hand und überlege mir, warum ich diese wohl von meiner rechten in die linke Hosentasche transferiert habe. Ich erinnere mich kurz an die jeweilige Situation, lege die Erbse auf einen Teller und widme mich der nächsten Erbse. Dies mache ich so lange, bis ich alle Erbsen aus der linken Tasche durchgegangen bin und mir die damit verbundenen guten Momente des Tages noch einmal ins Gedächtnis gerufen habe. Und so", sagte der Weise, „schläft jeden Abend ein glücklicher und zufriedener Perser ein."

Was können wir aus dieser Geschichte für unser eigenes Leben lernen?

Obwohl der Weise wohl nicht über die neuen Erkenntnisse der Gehirnforschung Bescheid wusste, handelte er perfekt nach ihren Prinzipien. Er programmierte sich jeden Tag dreimal auf Glück. Das erste Mal, während er einen guten Moment durchlebte, einen glücklichen Gedanken hatte oder etwas Schönes wahrnahm. Das zweite Mal kurz danach, als es ihm bewusst wurde und er die Erbse in die andere Hosentasche steckte. Und das dritte Mal am Abend, als er sich noch einmal daran erinnerte. Damit schaffte er es, dreimal mehr als viele andere Menschen die positiven Autobahnen zu programmieren. Deshalb sollten wir uns Folgendes fragen: Worauf fokussieren wir uns am Abend mehr, wenn wir auf den vergangenen Tag zurückblicken? Erinnern wir uns hauptsächlich an die Dinge, die schlecht gelaufen sind und die wir vielleicht nicht geschafft haben, oder sind tatsächlich die positiven Dinge im Vordergrund unserer persönlichen Tagesschau?

Wenn Sie es dem Perser aus unserer Geschichte gleichtun wollen, kaufen Sie sich entweder getrocknete rote Erbsen oder Kichererbsen und stecken Sie diese in die Tasche ... oder führen Sie ein mentales Tagebuch! Dieses Werkzeug hat vielen unserer Klienten enorm geholfen, Vorsätze umzusetzen und sich erfolgreich zu verändern. Ursprünglich kommt es aus dem Leistungssport und funktioniert ähnlich wie die Erbsentechnik.

Dabei gilt: Wenden Sie es mindestens für 40 Tage an. Erst dann können erste Erfolge erzielt werden.

Übung: Ein mentales Tagebuch führen

Setzen Sie sich am Morgen konkrete Ziele für bestimmte Verhaltensweisen und Denkmuster, die Sie während des Tages umsetzen möchten. Ein mögliches Ziel könnte z. B. sein, heute bewusst mit einer positiven Körperhaltung durch den Tag zu gehen. Weitere Ziele könnten sein, Momente der Achtsamkeit in den Tagesablauf einzubauen, an sich und an anderen Menschen etwas Positives, sei es körperlich oder charakterlich, zu finden und vieles mehr. Am Abend reflektieren Sie kurz, inwieweit Sie die jeweiligen Ziele erreicht haben, und tragen den jeweiligen Grad in Ihr mentales Tagebuch ein. Zusätzlich sammeln Sie quasi virtuell rote Erbsen und skizzieren die Glücksmomente, die Sie erfahren haben, in Stichworten.

Hier ein Beispiel des mentalen Tagebuchs einer Klientin:

Mentales Tagebuch: *Sonja M.*

Meine mentalen Verhaltensziele heute:	persönliche Einschätzung						Bemerkung
	n/a*	schwach			optimal		
		1	2	3	4	5	
Meine Meinung (liebevoll) vertreten, auch wenn sie unpopulär ist. *„Disagree without being dissagreable"*				✗			Makler sofort gesagt, dass die Wohnung nichts ist. Tina nicht abgesagt.
Mind. eine gute Eigenschaft in jedem Menschen sehen, dem ich heute begegne.				✗			Vormittags vergessen, Nachmittags super :-)
Mir Zeitblöcke für ungestörtes Arbeiten reservieren und meine emails nach dem Mittagessen im „Suppenkoma" bearbeiten.						✗	
Eine (Teil-)Mahlzeit achtsam einnehmen.						✗	Kiwi beim Frühstück

Was hat mir heute Freude bereitet?

Meditation am Morgen, witziger Verkäufer in Bäckerei, positives Feedback von 3 zufriedenen Kunden, Annas Freude über mein Geschenk, Squashmatch mit Tom

Welche Situationen konnte ich heute noch nicht wunschgemäß meistern?

Zu aufgeregt bei Präsentation bei Verbandstag

* Keine Angabe möglich.

Abb. 10: Mentales Tagebuch

Im Kapitel „Umsetzungstipps für den Alltag“greifen wir das Prinzip des mentalen Tagebuchs wieder auf. Sie erhalten dann konkrete Tipps, wie Sie Ihr eigenes Tagebuch am sinnvollsten gestalten können. Es steht für Sie zum kostenlosen Download auf www.humboldt.de/content/humboldt-PLUS-Downloads.html bereit.

Energetisierung: Vitaler Körper – vitaler Geist

Der Mensch besteht aus Energie. Um glücklich und ausgeglichen zu sein, gilt es diese Energie in unserem Körper zu spüren und positiv zu beeinflussen. Hier erfahren Sie, wie Sie einfach und gleichzeitig effektiv Ihre Energie in Balance halten können.

Schon im alten Asien behandelten die Ärzte ihre Patienten nicht nur nach den anatomischen Strukturen und den physiologischen Abläufen der Organe, sondern ihnen war bewusst, dass in irgendeiner Form auch Energien durch den Körper fließen. Diese Energien werden im asiatischen Raum meist als Chi oder auch Qi (gesprochen: tschi) bezeichnet und lassen sich durch unterschiedliche Behandlungsmethoden beeinflussen. Beispielsweise werden in der Traditionellen Chinesischen Medizin (TCM) mit Akupunkturnadeln verschiedenste Meridiane des Körpers therapiert, durch welche die Energien des menschlichen Körpers fließen. Aber auch in Indien, Tibet und Japan wurden Methoden entdeckt und praktiziert, die auf der Energieheilung basieren (z. B. Reiki, Shiatsu etc.). Hierbei erreicht der Heiler durch Handauflegen auf bestimmte Energiezentren, auch Chakras genannt, die Heilung seiner Patienten.

Weiterhin spielen aber auch Ernährung und Bewegung eine sehr wichtige Rolle in unserem Energiehaushalt. Ein schönes Beispiel hierfür ist der Spruch „Du bist, was du isst", mit dem volkstümlich ausgedrückt wird, dass die aufgenommene Nahrung auch über unsere Energie bestimmt. Mit der sportlichen Aktivität werden wir überschüssige Energie los, können Stress und Ärger abbauen und halten damit unsere Energien im Gleichgewicht. Dies führt zu einem guten Körpergefühl.

Natürlich ist der Begriff „Energie des Körpers“ in unseren Breitengraden noch nicht sehr verankert und wird von vielen noch kritisch beäugt. In der westlichen Medizin konnte diesen Energien noch keine anatomische Struktur zugeordnet werden. Entsprechend fehlen auch beweisende Studien für ihre Existenz.

Allerdings ist den Wissenschaftlern schon seit langer Zeit klar, dass Energien in irgendeiner Form im Körper fließen müssen. Deshalb ist über die letzten Jahrzehnte das Fachgebiet der Quantenphysik entstanden und mittlerweile eines der bedeutendsten und größten physikalischen Gebiete geworden. Die Quantenphysik beschäftigt sich genau mit diesen Energiephänomenen. Neueste Erkenntnisse, basierend auf der Einstein'schen Relativitätstheorie, bestätigen schon heute zum Teil die bereits vor Tausenden von Jahren erhobenen Beobachtungen des alten Asiens. Hierbei wird davon ausgegangen, dass der menschliche Körper aus Milliarden von Atomen besteht, die aus Energie aufgebaut sind und durch sie zusammengehalten werden. Folglich besteht der Mensch aus reiner Energie, die er in seine Umgebung abstrahlt und die auch seine Mitmenschen spüren können.

Dies haben Sie selbst sicherlich schon an Tagen bemerkt, an denen Sie sehr positiv und gut gelaunt waren. Vielleicht ist Ihnen dabei aufgefallen, dass überall, wo Sie hinkamen, alle Menschen Ihnen ebenfalls sehr positiv, offen, höflich und wohlgesonnen gegenübertraten. An diesen Tagen gelang Ihnen auf beruflicher und privater Ebene mit Leichtigkeit alles das, was Sie sich vorgenommen hatten. Die Erklärung hierfür ist einfach Ihre starke positive Energie, die Sie in Ihre Umgebung verströmten und mit der Sie die anderen Personen erheblich beeinflussten.

Weiterhin werden bestimmte Körpergefühle wie ein „plötzliches Wärmegefühl“, ein „Kribbeln bis in die Haarspitzen“ oder „es läuft mir eiskalt über den Rücken“ als Energiephänomene beschrieben.

Jeder Mensch kann einen guten Sinn für seine Energien entwickeln und diese deutlich spüren und beeinflussen. Damit wird es grundsätzlich möglich, gute Energie aufzubauen und zu verstärken. So gewinnt man an Lebensvitalität und einen ausgewogenen und glücklichen Lebensstil. Häufig wird hier auch vom „Zentrieren“ der eigenen Person gesprochen, was einen gewissen Energielevel und Ruhe voraussetzt.

In diesem Kapitel werden die vier Bereiche der Energetisierung vorgestellt und beschrieben, die im ROME-System am wichtigsten sind:
1. Ernährung
2. Bewegung
3. aktive Energetisierung
4. passive Energetisierung

Ernährung nach dem ROME-System

Ernährung ist die vorrangige Grundlage für Energie im Körper. Ihre Qualität ist entscheidend abhängig von den Nahrungsmitteln, die wir zu uns nehmen. In der gängigen Literatur beschäftigen sich bereits sehr viele Bücher mit dem Thema gesundes Essen. Deshalb wird hier auf eine erneute Erklärung dieser Grundsätze verzichtet. Vielmehr wollen wir auf nicht so häufig erwähnte Aspekte der Ernährung eingehen, die unter anderem aus der Diätetik der Traditionellen Chinesischen Medizin stammen und den Energieaspekt in den Vordergrund bringen. Weiterhin sollen aber auch interessante Bereiche der Ernährung aus präventionsmedizinischer Sicht erwähnt werden.

Insulinkarenz zwischen den Mahlzeiten

Aufgrund neuester wissenschaftlicher Untersuchungen im Bereich der Gesundheitsvorsorge wurde herausgefunden, dass es für den Körper sehr günstig ist, wenn man zwischen den Mahlzeiten nichts zu sich nimmt, was den Insulinspiegel erhöht, also nichts, was Kohlenhydrate enthält. Diese sogenannte Insulinkarenz wird für eine gute Wirksamkeit am besten für ca. vier bis fünf Stunden eingehalten.

Dies bedeutet, dass Sie nicht einmal eine kleine Süßigkeit (z. B. Kekse, Gummibärchen etc.), keine Getränke mit Zucker oder Zuckerersatzstoffen (z. B. Cola, Apfelschorle, Light-Getränke, Früchtetee, Milch – wegen des Milchzuckers –, Kaffee mit Milch) und keine Früchte zwischen den Hauptmahlzeiten zu sich nehmen sollten. Erlaubt hingegen sind Wasser, grüner und weißer Tee, Kräutertee, schwarzer Tee ohne Zucker und schwarzer Kaffee. Zu den Essenszeiten, die nur dreimal täglich (Frühstück, Mittagessen und Abendessen) stattfinden, dürfen Sie alles möglichst Gesunde verzehren. Am besten orientieren Sie sich hierbei an den Grundsätzen der vollwertigen Ernährung. So müssen Sie noch nicht einmal auf Ihre Nachspeise verzichten! Die einzig wichtige Spielregel ist die Insulinkarenz zwischen den Mahlzeiten.

Wissenschaftlich gesehen konnten folgende positive Effekte auf den Körper festgestellt werden:

Schonung der Bauchspeicheldrüse

Die Bauchspeicheldrüse produziert neben verdauungsfördernden Enzymen auch das lebensnotwendige Hormon Insulin. Immer wenn der Mensch etwas Zuckerhaltiges zu sich nimmt, wird dies in Traubenzucker (Glukose) umgewandelt, der im Blut zirkuliert und zu den Organen und dem Gehirn transportiert wird. Damit dieser Zucker in die Zellen der Organe gelangen kann und somit Energie bereitgestellt wird, benötigt man das Insulin, denn nur dieses ist fähig, den Zucker aus dem Blut in die Zelle zu transportieren.

Bei zuckerkranken Menschen (Diabetikern) wird zu wenig oder gar kein Insulin mehr produziert und damit steigt der Zucker im Blut extrem an und es kann zum Schock kommen (Hyperglykämischer Schock). Auf lange Sicht gesehen ist ein chronisch erhöhter Blutzucker sehr ungesund, denn hierdurch werden Gewebe und Nerven geschädigt, wodurch es in späteren Lebensjahren sogar zu Gefühlsstörungen, Blindheit, Untergang von Organsystemen (z. B. Nierenversagen mit folgender Dialyse) und Amputationen von Beinen und Armen aufgrund von abfaulenden Fingern und Zehen kommen kann. Deshalb ist bei Diabetikern der richtige und regelmäßige Ausgleich des Blutzuckerspiegels extrem wichtig, um Langzeitschäden zu verhindern.

Beim Altersdiabetes (Diabetes mellitus Typ II) wirkt Insulin nicht mehr so effektiv und/oder die Insulinausschüttung ist verlangsamt. Dies kann man in der Regel mit Tabletten ausgleichen. Dieser Diabetestyp entsteht meist durch eine zu kalorienreiche und zu süße Ernährung im Laufe des Lebens, was neben den oben genannten Leiden auch zum sogenannten Metabolischen Syndrom führt, welches mit Übergewicht, erhöhtem Blutfettspiegel und hohem Blutdruck einhergeht. Hierdurch entstehen wiederum typische Herz-Kreislauf-Erkrankungen und Gelenkbeschwerden aufgrund des zu hohen Gewichts.

Das Einhalten einer Insulinkarenz verhindert die übermäßige Ausschüttung von Insulin und gibt der Bauchspeicheldrüse somit für mehrere Stunden eine Verschnaufpause von ihrer Arbeit. Der Blutzucker bleibt im Normbereich und man erhöht erheblich die Wahrscheinlichkeit, nicht an einem Altersdiabetes und seinen Folgeerscheinungen zu erkranken.

Gewichtskontrolle

Immer wenn wir etwas Zuckerhaltiges zu uns nehmen und der Insulinspiegel erhöht wird, wird automatisch und sofort der Fettstoffwechsel unterbunden, das heißt, es wird abrupt der Fettabbau eingestellt. Der Körper wird hormonell auf Gewichtszunahme gepolt. Dies geschieht auch, wenn es nur eine Kleinigkeit wie z. B. ein Bonbon oder ein kleiner Milchkaffee ist.

Viele Menschen wundern sich, dass sie im Laufe ihres Berufslebens in den ersten zwei Jahren deutlich zunehmen, obwohl sie, abgesehen von dem vielen Sitzen im Büro, nicht viel an ihren Gewohnheiten verändert haben. Meist liegt dies an einem kontinuierlichen Verzehr von Süßigkeiten (z. B. Kekse im Besprechungsraum) und dem Trinken von zuckerhaltigen Getränken (Kaffee mit Milch, Säfte, Cola) neben der Arbeit. Hiermit wird der Fettabbau permanent geblockt und man nimmt zu, obwohl man das Gefühl hat, über den Tag gar nicht so viel gegessen zu haben. Deshalb ist die Einhaltung der Insulinkarenz für eine gesunde Gewichtskontrolle ratsam.

Aktivierung von Reparaturenzymen Nach neuesten wissenschaftlichen Erkenntnissen werden durch das Einhalten der Insulinkarenz sogenannte Reparaturenzyme (Sirtuine) aktiviert, die auf die Zellkerne gerichtet sind. Sie tasten defekte Areale auf unserem Erbgut (DNA) ab und reparieren diese wenn nötig. Dieses Phänomen hat man bei Versuchen mit Mäusen entdeckt, denen man deutlich weniger zu essen gab als einer Mauspopulation mit normaler Ernährung. Die auf Diät gesetzten Mäuse wurden erheblich älter als die Mäuse mit normaler Kost.

Versuchen Sie jedoch aufgrund dieser Erkenntnisse nicht, die tägliche Kalorienzufuhr krampfhaft zu reduzieren. Essen Sie drei ordentliche Mahlzeiten und lassen Sie einfach die Zwischendurch-Snacks weg.

Mit Nahrungsmitteln die Energie beeinflussen

Die Chinesische Diätetik ist eine der fünf grundlegenden Säulen der Traditionellen Chinesischen Medizin (TCM). Im folgenden Abschnitt soll auf ein paar ausgewählte Aspekte dieses Systems eingegangen werden. Auch hier gilt: Schon kleine Veränderungen in der Ernährung können sehr viel bewirken!

Kühlende und wärmende Lebensmittel

Die TCM geht davon aus, dass es Nahrungsmittel gibt, die den Körper kühlen, und andere, die ihn erwärmen – unabhängig davon, ob die Nahrung kalt oder warm ist. Man kann dies sehr gut beobachten, wenn man sehr scharf isst und dabei richtig zu schwitzen beginnt. Dies geschieht, weil scharfes Essen die Stoffwechselprozesse im Körper beschleunigt. Durch kühlende Nahrungsmittel hingegen werden diese Prozesse verlangsamt und Kälte auf den Körper übertragen. Deshalb trinkt man in warmen arabischen Ländern viel Pfefferminztee, da dieser kühlend wirkt.

Grundsätzlich teilt man das Temperaturverhalten von Lebensmitteln in kalt, kühl, neutral, warm und heiß ein.

In den Therapieregeln der TCM heißt es, dass man „Kühles wärmen und Warmes kühlen" sollte. Dies bezieht sich auf die Leitkriterien in der TCM, die durch unterschiedliche Diagnoseverfahren (Pulsdiagnostik, Zungendiagnose, ärztliches Gespräch etc.) erhoben werden.

Ein TCM-Mediziner kann seine Patienten klar einem Leitkriterium zuordnen. Oft kann man aber auch leicht selbst ermitteln, zu welchem Leitkriterium man tendiert, und so beginnen, die Ernährung danach zu optimieren.

Tragen Sie das Leitkriterium Kälte in sich – dies äußert sich typischerweise dadurch, dass Ihnen häufig kalt ist, Hände und Füße kalt sind, Sie grundsätzlich Kälte nicht mögen und vermeiden und immer mehr Kleidungsstücke anhaben als andere –, dann ist es sinnvoll, eher wärmende oder heiße Nahrung zu sich zu nehmen. Besteht allerdings eher das Leitkriterium Hitze – Sie schwitzen leicht bei Bewegung und emotionaler Erregung und vermeiden eher äußerliche Hitze –, dann sollten Sie eher kühlende oder kalte Nahrungsmittel als Ausgleich verzehren. Die folgende Tabelle zeigt einen Überblick über die Temperaturqualitäten unterschiedlicher Nahrungsmittel.

Nahrungsmittel und deren Temperaturqualitäten (nach Peter Melloh)

Getreide	
Weizen	Kühl
Rundkornreis	Neutral
Mais	Neutral
Langkornreis	Etwas warm
Hülsenfrüchte	
Schwarze Sojabohnen	Neutral
Tofu	Kühl-kalt
Gemüse	
Karotten	Neutral (roh etwas kühl)
Rettich	Kühl
Chinakohl	Neutral (Tendenz kühl)
Spinat	Kühl
Frühlingszwiebeln	Warm
Ingwer	Warm
Tomate	Kühl
Gurke	Kühl

Früchte	
Birne	Kühl
Weintrauben	Neutral
Wassermelone	Kalt
Feige	Neutral
Tierische Nahrungsmittel	
Hühnerfleisch	Warm
Hühnerei	Eiweiß: kühl; Eigelb: warm
Entenfleisch	Kühl
Schaf- und Ziegenfleisch	Warm
Schweinefleisch	Neutral
Milchprodukte	
Kuhmilch	Neutral (Tendenz kühl)
Tee	
Grüner Tee	Kühl
Schwarzer Tee	Warm
Oolong-Tee	Warm
Fisch	
Karpfen	Neutral
Aal	Neutral

Um sich ein besseres Bild vom Temperaturverhalten von Nahrungsmitteln machen zu können, finden Sie am Ende dieses Kapitels ein Fallbeispiel.

Energetisierende Nahrungsmittel für jeden TCM-Typen

Die folgenden Nahrungsmittel wirken auf jeden TCM-Typen energetisierend:

- **Ginseng** Die rübenartige Wurzel *Panax ginseng* wird vor allem in Korea und China angebaut und dort als Allheilmittel und „Energienahrung pur" angesehen. Im Allgemeinen hat Ginseng eine stark kräftigende Wirkung und wird deswegen vor allem bei Müdigkeits- und Schwächegefühlen, Stress und Krebsleiden eingenommen. Weiterhin wirkt Ginseng aber auch positiv auf Konzentration und Hirnleistung und kann der Altersdemenz (Alzheimer) vorbeugen.
  Ginsengpräparate erhält man in Tablettenform in jeder Apotheke und im Drogeriemarkt. Die Einnahme erfolgt meist kurmäßig über einen Zeitraum von 30 bis 60 Tagen. In Asien, in Apotheken, aber auch im Internet werden die Ginsengwurzeln auch getrocknet, als Pulver oder Tonikum vertrieben. Sie sollten sich gut beraten lassen, denn bei Ginsengpräparaten gibt es sehr große Qualitätsunterschiede.
- **Ingwer** Die Ingwerwurzel (*Zingiberofficinale*) wird wie der Ginseng vor allem im asiatischen Raum angebaut und gilt dort ebenfalls als sehr energiereiches Nahrungsmittel. Ingwer wirkt antibakteriell, gegen Übelkeit und Erbrechen, fördert die Durchblutung, steigert die Gallensaftproduktion und wird zum Teil auch als Aphrodisiakum verwendet. Weiterhin hat er eine anregende Wirkung auf die Magensäfte, Speichelbildung und Darmfunktion.
  In der Traditionellen Chinesischen Medizin wird Ingwer vor allem bei Appetitlosigkeit, Müdigkeit, Rheuma, Muskelschmerz und Erkältungen eingesetzt. Auch hier gibt es sehr unterschiedliche Darreichungsformen, die von Tabletten über Kapseln, Pulver bis zu Tonika zur äußerlichen Anwendung reichen.

Tipp: Energietee

Eine frisch geschälte Ingwerwurzel in Scheiben schneiden, mit kochend heißem Wasser aufgießen und für ca. zehn Minuten ziehen lassen. Je nach Bedarf mit etwas Honig abschmecken.

Dieser „Energietee" verleiht Vitalität und wirkt gut bei Erkältungskrankheiten.

Wasser: Unser wichtigstes Lebensmittel

Das einfachste Lebensmittel ist für unseren Körper das wichtigste: Wasser. Unser Körper besteht zu 70 Prozent aus Wasser und braucht dieses ständig zum Leben. Nicht umsonst steht in jedem Ratgeber, dass man täglich ca. 1,5 bis 2 Liter Wasser trinken sollte, um gesund und vital zu bleiben. Wissenschaftlich konnte diese Trinkmenge allerdings noch nicht eindeutig ermittelt werden, daher wird hier weiter geforscht.

Wasser versorgt den Körper mit wichtigen Salzen und erhält dadurch unser Gleichgewicht an Elektrolyten. Dies ist vor allem bei körperlicher Aktivität wichtig, damit keine Krämpfe entstehen. Weiterhin regt es den gesamten Stoffwechsel und die Nierentätigkeit entscheidend an und erhöht unseren Grundumsatz. Zusätzlich ist Wasser aber auch entscheidend für die geistige Leistungsfähigkeit. Studien haben ergeben, dass man im Laufe des Tages etwa 30 Prozent seiner täglichen Hirnleistung einbüßt, wenn man nicht regelmäßig trinkt.

Unsere praktische Tätigkeit hat uns allerdings gezeigt, dass es vielen Menschen schwerfällt, ausreichend Wasser am Tag zu trinken. Damit Ihnen das leichter gelingt, beherzigen Sie folgende Tipps und Tricks:

- Stellen Sie Ihre Wassermenge für den Tag in einer Flasche (z. B. 1,5-Liter-Flasche) am Morgen bereit und nehmen Sie sie mit zur Arbeit. So können Sie Ihre Trinkmenge gut kontrollieren.
- Setzen Sie sich Etappenziele (z. B. eine halbe Flasche bis 13 Uhr trinken, jede Stunde 200 Milliliter etc.).
- Trinken Sie mal kaltes, mal warmes und mal heißes Wasser. So schmeckt es sehr unterschiedlich und das beugt Langeweile vor.
- Auch Kräuter-, grüner, weißer und schwarzer Tee und Kaffee können zu der Wasser-Trinkmenge dazugezählt werden.
- Erhöhen Sie die Wassermenge schrittweise. Wenn Sie zuvor sehr wenig getrunken haben, dann kommen Ihnen 1,5 Liter am Tag schon als eine sehr große Menge vor. Deshalb empfiehlt es sich, am Anfang mit einem geringen Ziel wie 500 Milliliter zu starten, nach einiger Zeit auf einen Liter zu erhöhen, um dann schließlich die 1,5 Liter zu schaffen.
- Geduld! Es braucht mehrere Wochen, bis das ausreichende Trinken in den normalen Lebensrhythmus übergeht.

Ballaststoffe

Ballaststoffe sind zumeist schwer- bis unverdauliche Nahrungsbestandteile, die vor allem in pflanzlichen Lebensmitteln vorkommen. Sie sind ein wesentlicher Grundbestandteil einer ausgewogenen Ernährung und erfüllen viele wichtige Funktionen für unseren Körper. Ballaststoffe bestehen vorwiegend aus Polysacchariden, also sehr langkettigen Zuckern, die sehr viel Wasser binden können und daher im Magen-Darm-Trakt aufquellen. Dadurch kommt es zu einer Zunahme des Darminhalts, der zwangsläufig auf die Darmwände Druck ausübt.

Das regt den Weitertransport an und die Verweildauer des Stuhls im Darm verkürzt sich erheblich. Deshalb beugt eine ballaststoffreiche Kost sehr effektiv einer Verstopfung vor. Weiterhin bewirkt das Aufquellen auch eine Zunahme des Sättigungsgefühls, sodass sich Hunger erst deutlich später nach der letzten Mahlzeit einstellt. Dies ist vorwiegend darauf zurückzuführen, dass die Kohlenhydrate (Zucker) aus ballaststoffreicher Nahrung deutlich langsamer aus dem Darm aufgenommen werden. Hierdurch ist die Energieversorgung des Körpers für eine längere Zeit gewährleistet und der Blutzuckerspiegel sinkt nicht so schnell wieder ab (ein niedriger Blutzuckerspiegel lässt Hungersignale im Gehirn entstehen).
Weitere wichtige Funktionen von ballaststoffreicher Kost sind:

- Vermehrung von gesundheitsfördernden Bakterien (Bifidobakterien und Laktobazillen)
- Bindung von Toxinen
- Bindung von Cholesterin
- Bindung von schädlichen Mikroorganismen
- Vorbeugung von Darmkrebs, Karies, koronaren Herzkrankheiten, Gallensteinleiden und Divertikulose (Darmwandausstülpungen)

Nach Angaben der Deutschen Gesellschaft für Ernährung (DGE) sollte jeder Mensch täglich 30 Gramm Ballaststoffe zu sich nehmen. Dies ist relativ viel und nicht so leicht zu erreichen, wenn man nicht darauf achtet. Die besten Nahrungsmittel hierfür sind Vollkornprodukte, frisches oder getrocknetes Obst, Gemüse und Nüsse.

Die folgende Tabelle gibt exemplarisch eine Übersicht über den Ballaststoffanteil in unterschiedlichen Lebensmitteln. Ausführliche Tabellen hierzu finden sich beispielsweise über die Vereinigung Getreide-, Markt- und Ernährungsforschung und in zahlreichen Ernährungsbüchern, die sich diesem Thema widmen.

Ballaststoffanteil von Lebensmitteln (nach Vereinigung Getreide-, Markt- und Ernährungsforschung)

Nahrungsmittel	Gesamtballaststoffe je 100 g des Nahrungsmittels
Weizenspeisekleie	49,3
Leinsamen	28,0
Roggenknäckebrot	14,1
Vollkornmehl	10–13,5
Verschiedene Getreidesorten	9,3–13,4
Haferflocken	11,1
Mandeln	9,8
Getrocknete Feigen	9,6
Datteln	9,2
Haselnüsse	7,4
Erdnüsse	7,1
Cornflakes	4,0
Toastbrot	3,8
Weizenbrötchen	3,4
Weißmehl Typ 405	3,2

Damit eine ausreichende tägliche Zufuhr an Ballaststoffen gewährleistet ist, sollten Sie schon beim Frühstück mit einer entsprechenden Kost beginnen.

Tipp: Ballaststoffe zum Frühstück

Fügen Sie etwa einem guten Vollkornmüsli Weizenkleie und Leinsamen zu. Zusätzlich können Sie eine halbe Handvoll Nüsse (z.B. Walnüsse, Mandeln oder Haselnüsse) und etwas Trockenobst (z.B. Pflaumen, Aprikosen) oder frisches Obst beimengen. Das Ganze dann mit etwas Milch oder Quark anrühren und vital und gesund in den Tag starten! Hiermit haben Sie einen Großteil Ihrer täglichen Ballaststoffe bereits zu sich genommen.

Tryptophanhaltige Kost für mehr Lebensfreude

Der im Gehirn produzierte Botenstoff Serotonin wird auch als Glückshormon bezeichnet. Er wirkt als Neurotransmitter und gibt Informationen von Nervenzelle zu Nervenzelle weiter. Grundsätzlich vermittelt uns Serotonin ein gutes Gefühl, gibt Lebensfreude und wirkt ausgleichend. Zudem lässt es uns auch besser schlafen, da es zum Teil weiter in das Schlafhormon Melatonin umgewandelt wird. Aufgrund dieser vielfältigen Wirkmechanismen kommt ihm in der Präventionsmedizin eine sehr große Bedeutung zu. Bei depressiven Menschen ist meist wenig Serotonin vorhanden. Deshalb zielen viele Medikamente (Antidepressiva) darauf ab, die Serotoninwirkung an den Nervenzellen zu verstärken. Damit wird der Antrieb depressiver Patienten wieder geweckt und die Verstimmung kann mit der Zeit gelöst werden, wenn auch teilweise unter erheblichen Nebenwirkungen.

Der Serotoningehalt in unserem Gehirn kann allerdings auch auf natürlichem Wege erhöht werden, und das können wir uns leicht zunutze machen, indem wir uns eines kleinen Tricks bedienen. Die Aminosäure L-Tryptophan ist eine sogenannte essenzielle Aminosäure, das heißt, sie kann vom Körper nicht hergestellt und muss daher über die Nahrung aufgenommen werden. Über den Blutkreislauf gelangt sie ins Gehirn und wird dort zu Serotonin umgewandelt. Deshalb kann allein durch eine entsprechende Ernährung unser Serotoninhaushalt erhöht werden und damit auch unsere Ausgeglichenheit und Lebensfreude. Ein häufig erwähnter Vertreter tryptophanhaltiger Nahrung ist die dunkle Schokolade. Sie wird daher gerne als „Glückspender“ bezeichnet. L-Tryptophan ist aber auch in vielen anderen Nahrungsmitteln wie Milchprodukten, Fleisch und Hülsenfrüchten vorhanden.

Wissenschaftlichen Untersuchungen zufolge liegt der Tagesbedarf an Tryptophan zwischen 3,5 und 6 Milligramm pro Kilogramm Körpergewicht. Ein 70 Kilogramm schwerer Mensch sollte demzufolge 245 bis 420 Milligramm Tryptophan täglich aufnehmen. Dies kann beispielsweise durch 150 Gramm Lachs oder 600 Milliliter Milch gedeckt werden.

Tipp: Schokolade macht glücklich!

Das gilt erwiesenermaßen vor allem für Bitterschokolade, die durch ihren höheren Kakaogehalt gesünder ist als Vollmilchschokolade. Wenn Ihnen der bittere Geschmack auf Anhieb nicht so zusagt, tasten Sie sich über die verschiedenen Stufen von 35 über 45 und 55 Prozent langsam an die 70 Prozent heran. Wahre Fans steigern das dann noch bis 95 Prozent.

Die folgende Tabelle gibt einen Überblick über Nahrungsmittel mit einem hohen Tryptophangehalt.

Nahrungsmittel mit viel Tryptophan (teilweise aus der Nährstoffdatenbank des US-Landwirtschaftsministeriums)

Nahrungsmittel	Tryptophananteil in 100 g des Nahrungsmittels
Sojabohnen	590 mg
Kakaopulver, ungesüßt	293 mg
Cashewkerne	287 mg
Erbsen, getrocknet	275 mg
Hähnchenbrustfilet (roh)	267 mg
Speisekleie	250 mg
Schweinefleisch (roh)	220 mg
Lachs (roh)	209 mg
Dunkle Schokolade (70 %)	205 mg
Haferflocken	182 mg
Walnüsse	170 mg
Hühnerei	167 mg
Reis (ungeschält)	101 mg
Mais-Vollkornmehl	49 mg
Kuhmilch, 3,8 % Fett	46 mg
Bananen	18 mg

Ernährungsgrundsätze gibt es wie Sand am Meer. Viele Ernährungswissenschaftler widersprechen sich untereinander grundlegend in ihren Ansichten. Auch wir wollen nicht den Anspruch erheben, die allgemeingültigen Gesetze der optimalen Ernährung zu kennen. Grundsätzlich aber gilt, neben den oben beschriebenen Ratschlägen, für jeden: Gut ist, was guttut. Hören Sie auf Ihren Körper!

Fallbeispiel

Lisa, eine 31-jährige Klientin, klagte über ein permanentes Kältegefühl. Sie trage auch an sehr warmen Tagen immer einen Pullover und ihre Hände und Füße seien meistens kalt. Weiterhin fühle sie sich etwas abgeschlagen und häufig müde. Sie achte auf eine gute Ernährung und esse mittags und abends häufig Salate mit einem Stück Fleisch oder Fisch. Am Morgen reiche die Zeit meistens nicht für ein Frühstück, allerdings trinke sie auf jeden Fall zwei Tassen grünen Tee, um in den Tag zu starten. Weiterhin trinke sie über den Tag verteilt noch weitere 2 Liter grünen Tee. Die Patientin erschien sehr schlank und war mit ihrem Body-Mass-Index von 18,7 im unteren Normbereich. Trotz der guten und kalorienarmen Ernährung störe sie ihr kleiner auffälliger Bauch, der auch mit viel Sport nicht wegzubekommen sei. Ihr Stuhlgang sei in Häufigkeit und Konsistenz normal.

Mit ihrer schlanken, großen Statur entspricht die Klientin einem typischen Konstitutionsbild, das typischerweise von Kälteempfinden, niedrigem Blutdruck und einem eher schwachen Kreislauf begleitet wird. Mit Grüntee und Salaten greift sie allerdings genau zu den Lebensmitteln, die nach der Lehre der TCM diese Tendenz noch verstärken.

Maßnahmen Besonders warme Speisen dagegen fördern den Energiehaushalt. Die im asiatischen Raum auch als Frühstück genossene Hühnerbrühe ist ein wunderbarer Wärme- und Energielieferant und kann gerade in der anfänglichen Umstellungsphase gut den morgendlichen Grüntee ersetzen. Da das Frühstück besonders wichtig für einen guten Einstieg in den Tag ist, wurde diese Mahlzeit auf Dauer fest in Lisas Tagesablauf integriert. Milch und Müsli sind wegen ihrer kühlenden Eigenschaften in diesem Fall weniger ratsam, besser geeignet ist ein herzhaftes, ballaststoffreiches Frühstücksbrot oder eine warme Getreidemahlzeit (z. B. Haferbrei). Auch die Salate sollte Lisa besonders am Abend durch warme Mahlzeiten ersetzen. Salat gärt im Magen-Darm-Trakt und kann diesen typischen kleinen Spitzbauch hervorrufen, über den Lisa klagte. Als leichte Alternative sind hier besonders Suppen gut geeignet. Für die Flüssigkeitszufuhr während des Tages rieten wir der

Klientin zu schwarzem, Oolong- oder Ingwertee als gute, wärmende Alternativen zum Grüntee.

Lisas Kälteempfinden besserte sich deutlich nach zwei Monaten und der kleine Spitzbauch verschwand sehr schnell. Weiterhin stabilisierte sich auch ihr Kreislauf.

Bewegung und Sport

Die Technisierung des letzten Jahrhunderts ist ein wirklicher Segen für unsere Gesellschaft. Viele Anstrengungen der damaligen Zeit sind heutzutage gar nicht mehr denkbar. Autos, öffentliche Verkehrsmittel, Fahrstühle und Rolltreppen machen die Fortbewegung einfacher denn je. Durch das Internet können wir bequem von zu Hause kommunizieren, Einkäufe tätigen und auch Essen nach Hause liefern lassen. Unsere Arbeitszeit verbringen wir die meiste Zeit in sitzender Position im Büro und lassen uns am Abend auf unserem Sofa vom Fernsehprogramm berieseln.

Das alles macht das Leben wunderbar bequem. Genau diese Bequemlichkeit ist jedoch auch ein großes Problem! Wir bekommen viel zu wenig Bewegung! Und dies hat eine deutlich negative Auswirkung auf unsere Gesundheit. Denn eigentlich ist der Mensch schon von Urzeiten auf Bewegung programmiert und braucht diese ganz dringend. Zum einen, um seine durch Stress aufgebaute Energie loszuwerden (Kämpfen oder Flüchten), und zum anderen, um seine Vitalität und Leistungsfähigkeit zu erhalten.

Zahlreiche Studien zeigen, dass Bewegungsmangel zu typischen Volkskrankheiten wie Bluthochdruck, Übergewicht, Zuckerkrankheit, Osteoporose, Gelenkbeschwerden, Haltungsschäden, Rückenschmerzen, Krampfadern und Neigung zu Erkältungskrankheiten führt.

Die Weltgesundheitsorganisation (WHO) gibt an, dass jährlich rund 1,9 Millionen frühzeitige Todesfälle auf körperliche Inaktivität zurückzuführen sind. Allein in Deutschland könnten schätzungsweise mehr als 13 000 Herz-Kreislauf-Todesfälle im Jahr vermieden werden, wenn die körperlich inaktiven Männer im Alter von 40 bis 69 Jahren nur einer gemäßigten körperlichen Aktivität nachgingen (z. B. regelmäßiges Spazierengehen). Hieraus ist deutlich zu erkennen, warum Bewegung für uns so wichtig ist und wie sie sich auf unsere Vitalität auswirkt.

Regelmäßiger Ausdauersport

Regelmäßiger und richtig durchgeführter Ausdauersport hat den besten gesundheitlichen Nutzen für den Körper. Hiermit sind Aktivitäten gemeint, die den Puls spürbar ansteigen lassen und für mindestens 30 Minuten am Stück ausgeführt werden. Dazu gehören Walken, Joggen, Laufen, Radfahren, Schwimmen, Wandern, Inlineskaten, Langlaufen, Rudern und Skitouren.

Bei regelmäßiger Ausübung wird der Kreislauf gestärkt, Kondition und Vitalität nehmen deutlich zu und Stress und Druck können am besten abgebaut werden. Weiterhin sind die oben beschriebenen positiven Auswirkungen natürlich noch stärker ausgeprägt als bei der Bewegung im Alltag.

Wenn Sie sich dazu entschließen, mit Sport zu beginnen, nach einer längeren Pause wieder anzufangen oder einfach wieder mehr Sport zu treiben, dann sollten Sie unbedingt verschiedene Grundsätze beachten. Denn vor allem im Sportbereich gibt es unglaublich viele Missverständnisse und Anschauungen, die völlig falsch sind und die dazu führen, dass ein großer Teil der Bevölkerung komplett falschen Sport treibt! In der Folge kann Sport sogar ungesund werden und oft den körperlichen und geistigen Stress erhöhen.

Um Ihnen den Einstieg oder Wiedereinstieg in den Ausdauersport zu erleichtern, erläutern wir im Folgenden die wichtigsten Grundsätze von gesundem Sport. Im Anschluss daran stellen wir die wichtigsten Trainingsbereiche dar und geben Ihnen Tipps für eine sinnvolle Durchführung.

Vorbereitungen Regelmäßiger Ausdauersport sollte nur dann durchgeführt werden, wenn der Körper ausreichend gesund ist und keine Risikofaktoren bestehen. Bevor Sie beginnen, aktiv zu werden, sollten Sie sich unbedingt medizinischen Rat einholen, vor allem dann, wenn einer der folgenden Punkte auf Sie zutrifft:

- Alter über 35 Jahre
- Bekannte Herz-Kreislauf-Erkrankungen (hoher Blutdruck, abgelaufener Herzinfarkt bzw. Schlaganfall)
- Übergewicht
- Gelenkerkrankungen
- Rauchen
- Zuckerkrankheit (Diabetes mellitus Typ I oder II)
- Bestehende oder abgelaufene Tumorerkrankung
- Blutungsneigung/Gerinnungsstörung
- Hohe Fettwerte (Cholesterin/Triglyzeride)
- Neurologische Erkrankungen (z. B. Epilepsie, Multiple Sklerose)
- Erholungsphase nach einer Operation
- Stoffwechselerkrankungen

Einstellung und Ziel Sport dient dazu, das dabei entstehende Gefühl zu genießen und Freude an der Tätigkeit zu haben, die man ausführt. Deshalb hat auch Sport viel mit dem Begriff Achtsamkeit gemein, da man während der Ausführung sehr gut seinen Körper spüren und darin vollends aufgehen kann! Sie sollten tunlichst nicht den Ehrgeiz oder die im Beruf bestehenden hohen Anforderungen auf den Sport übertragen. Das hat in diesem Bereich grundsätzlich nichts zu suchen. Viele begehen den Fehler, dass sie sich von Anfang an zu hohe Ziele setzen (z. B. jeden Tag eine Stunde laufen gehen), und versuchen auch hier, gleich der Beste zu sein. Deshalb sollten Sie sich langsam steigern und nicht versuchen, von gar keiner sportlichen Aktivität gleich in ein Marathontraining einzusteigen.

Ausstattung Diese ist sehr wichtig, um eine gesunde Belastung der Gelenke zu gewährleisten und dem Köper während der Aktivität ausreichend Luft und ein gutes Klima zu verschaffen. Hierbei spielen beispielsweise die richtigen Laufschuhe mit einer angemessenen Dämpfung eine wichtige Rolle, um Gelenkschäden zu vermeiden. Bei zwei Laufeinheiten pro Woche sollten Sie Ihre Laufschuhe übrigens nach sechs bis zwölf Monaten austauschen, da die Dämpfung irgendwann deutlich nachlässt. Auch bei Fahrrädern sollten Sie unbedingt darauf achten, dass die Einstellungen am Rad richtig sind, damit keine Haltungsschäden auftreten.

Bei der Sportbekleidung empfehlen wir vor allem eine gute Funktionswäsche. Diese trocknet sehr schnell (noch am Körper!), hält Sie auch beim Schwitzen warm und ist sehr gut luftdurchlässig. Bei Aktivitäten in der Kälte sollten Sie unbedingt darauf achten, dass Sie warm genug angezogen sind, um ein Auskühlen und ein Verkrampfen der Muskulatur zu verhindern. Und bitte die Mütze nicht vergessen!

Welche Sportart wählen? Welches die sinnvollste und beste Sportart für Sie ist, müssen Sie einfach selbst mit der Zeit herausfinden. Meist ist es die Aktivität, die einem am meisten Spaß macht. Während der eine gerne ins Wasser geht und schwimmt, ist für den anderen das Radfahren oder Laufen erfüllender.

Aus medizinischer Sicht gibt es eigentlich nur drei Einschränkungen, die es zu berücksichtigen gilt:

- Bei Übergewicht ist Schwimmen anfangs deutlich gelenkschonender als Radfahren oder Laufen.

- Aufgrund der Kopfhaltung (Überstreckung nach hinten oben) ist für Menschen mit einer Halswirbelsäulenproblematik das Radfahren häufig nicht zu empfehlen.
- Treten bei einer Sportart immer wieder Schmerzen in bestimmten Körperpartien auf, dann ist dies nicht normal und sollte umgehend abgeklärt werden.

Anzahl und Dauer der Trainingseinheiten Grundsätzlich ist es sinnvoll, mit zwei Trainingseinheiten von ca. 30 Minuten in der Woche zu beginnen. Dies scheint nicht sehr viel zu sein, bewirkt aber schon eine Menge für den Körper. Natürlich können Sie dies mit der Zeit steigern, wenn Ihre Kondition zunimmt. Am besten sollte eine Steigerung mit einem guten Fitnesstrainer oder einem Arzt abgesprochen und von diesem auch begleitet werden.

Pausen Wie im normalen Leben ist vor allem im Sportbereich das regelmäßige Einhalten von Pausen sehr wichtig. Wenn Sie mit dem Sport beginnen oder lange keinen Sport mehr gemacht haben, dann sollten Sie nach einem oder zwei aufeinanderfolgenden Trainingstagen unbedingt eine Pause einlegen. Der Körper ist mit seinem Kreislauf und seinen Gelenken und Muskeln die Belastung nicht mehr gewöhnt und benötigt Ruhe, um wieder leistungsfähig zu werden. Hält man Trainingspausen nicht ein, dann kann es schnell zu Zerrungen, Überdehnungen, Krämpfen und Schmerzen kommen.

Zusätzlich empfiehlt es sich, auch direkt nach den Belastungen für ca. 30 Minuten zu ruhen. Sie können sich einfach kurz hinlegen, in die Sauna oder ins Dampfbad gehen, noch ein wenig schwimmen oder im Whirlpool entspannen.

Optimaler Trainingsbereich Für die Energiegewinnung beim Sport benötigt der Körper grundsätzlich Sauerstoff. Je höher die Belastung, desto mehr Sauerstoff ist notwendig und desto höher die Atemfrequenz.

Idealerweise wird der Energiebedarf des Körpers in diesem Zustand vollständig durch den Sauerstoff-Stoffwechsel gedeckt. Man bezeichnet dies als *aeroben Zustand*. In diesem Trainingsbereich ist der Freizeitsport im Allgemeinen gesund und sinnvoll.

Erhöht man weiterhin die körperliche Leistung, wird irgendwann nicht mehr genug Sauerstoff aufgenommen, um ausreichend Energie bereitzustellen. Der Körper muss sich nun auch anderer Stoffwechselfunktionen bedienen, um genügend Kohlenhydrate (Zucker) für die Muskelkraft zu produzieren. Hierbei spielt vor allem der Laktatstoffwechsel eine große Rolle. Das saure Laktat (Milchsäure) vermehrt sich dadurch im Blut und der pH-Wert sinkt, weshalb man dann von einer Übersäuerung spricht. In diesem Bereich, der als *anaerober Bereich* bezeichnet wird, kann der Körper nur noch für kurze Zeit Höchstleistung vollbringen (ca. fünf Minuten). Es kommt zu deutlichen Leistungseinbrüchen und ungesunden Reaktionen.

Deshalb sollte jeder Sportler unbedingt seine anaerobe Schwelle kennen. Damit kann er ein gezieltes und gesundes Training beginnen. Idealerweise lassen Sie sich vorher bei einem Sportarzt untersuchen und in Testverfahren (Laktattest, Spiroergometrie) Ihre individuelle anaerobe Schwelle austesten. Diese Messmethoden sind sehr genau und verlässlich.

Eine etwas ungenauere, aber einfachere Methode, mit der Sie Ihre anaerobe Schwelle selbst bestimmen können, ist folgende Formel:

Maximale Herzfrequenz (HF) x 85 % = **anaerobe Schwelle**

Die maximale Herzfrequenz erhalten Sie ungefähr mit der Faustregel:

220 – Lebensalter = **maximale Herzfrequenz (MHF)**

Bei einer 40-jährigen Frau bedeutet dies beispielsweise, dass ihre MHF 180 (220 – 40 = 180) beträgt und 85 Prozent hiervon einen Schwellenwert von 153 ergibt. Daraus lässt sich ableiten, dass jede sportliche Tätigkeit bis zu einem Puls von 153 im aeroben Bereich stattfindet und somit gesund ist.

Innerhalb des aeroben Bereichs werden verschiedene Trainingsstufen unterschieden. Im Folgenden werden diese Trainingsbereiche kurz beschrieben. In der Tabelle im Anschluss können Sie dann sehr schnell die altersabhängigen Pulsfrequenzen mit den jeweiligen Trainingszielen ablesen.

- **Stabilisierung der Gesundheit (50 – 60 % der MHF)** Das Training in diesem Bereich ist meist wenig anstrengend und stabilisiert vor allem den Gesundheitszustand. Ein Mann oder eine Frau von 40 Jahren würde sich hierbei in einem Pulsbereich von **90–108** befinden, was meist einer Tätigkeit wie Spazierengehen oder langsamem Radfahren entspricht. Diese Tätigkeiten sind nur gering schweißtreibend.
- **Fettabbau durch aktiven Fettstoffwechsel (60 – 70 % der MHF)** In diesem Bereich wird vor allem Fett abgebaut und Gewicht reduziert. Menschen mit dem Trainingsziel Gewichtsabnahme sollten vor allem hier trainieren. Dies entspricht meist zügigem Spazierengehen (Walken, Nordic Walking), Wandern und Radfahren in mittlerem Tempo. Ein Mann oder eine Frau von 40 Jahren hat hier eine Pulsfrequenz von **108 – 126**. Nach der Aktivität sollte man sich gut und nur wenig abgeschlagen fühlen.
- **Kräftigung des Herzens und Steigerung der Fitness (70 – 85 % der MHF)** Bereits deutlich anstrengender ist das Training in diesem Bereich. Hier werden vor allem die Kondition und das gesamte Herz-Kreislauf-System gestärkt. Ein Mann oder eine Frau von 40 Jahren befindet sich dabei schon bei Pulsfrequenzen von **126 – 153**. Dies entspricht Joggen, schnellerem Radfahren, intensivem Schwimmen etc. Man sollte sich dabei jedoch noch gut unterhalten kön-

nen. Nach der Anstrengung werden häufig leichte Abgeschlagenheit und Müdigkeit wahrgenommen. Dieser Bereich sollte grundsätzlich nicht als Einstiegsbereich genutzt werden.

- **Anaerober Bereich (mehr als 85 % der MHF)** Wie schon oben beschrieben beginnt der anaerobe Bereich bereits bei 85 Prozent der maximalen Herzfrequenz. Bei einem Mann oder einer Frau von 40 Jahren bedeutet dies eine Pulsfrequenz von ca. **153 und mehr.** Dieser Trainingsbereich ist vor allem im Leistungssport von Bedeutung und wird selbst hier nur punktuell und sehr gezielt eingesetzt. Im Freizeitbereich sollte er weitestgehend vermieden werden.
- **Wichtig:** Achten Sie unbedingt darauf, dass Sie nicht zu intensiv trainieren. Die meisten Menschen üben ihre sportlichen Aktivitäten bei viel zu hoher Frequenz aus, weil sie meinen, dass der Grundsatz „Je schneller, desto besser“ gilt. Dies ist absolut falsch und kann gesundheitliche Schäden für den Körper bedeuten!

Trainingsbereiche nach Pulsfrequenzen und Altersgruppen

Alter	MHF (220–Alter)	Stabilisierung 50–60 % der MHF	Fettstoff-wechsel 60–70 % der MHF	Herz-Kreislauf 70–85 % der MHF
25	195	97–117	117–136	136–165
30	190	95–114	114–133	133–161
35	185	92–111	111–129	129–157
40	180	90–108	108–126	126–153
45	175	87–105	105–122	122–148
50	170	85–102	102–119	119–144
55	165	82–99	99–115	115–140
60	160	80–96	96–112	112–136
65	155	77–93	93–108	108–131

Bewegter Alltag

Viele von uns setzen sich immer wieder zum Ziel, sich körperlich mehr zu betätigen. Leider scheitern die meisten jedoch kläglich. So zeigen Studien, dass der durchschnittliche Europäer täglich deutlich weniger als einen Kilometer zu Fuß zurücklegt. Durch Zeitmangel und Termindruck ist es uns nur sehr schwer möglich, regelmäßige Zeiten für sportliche Aktivitäten in den Tages- oder Wochenplan einzubauen. Mit der Fahrt zum Fitnesscenter, dem eigentlichen Training und der Rückfahrt sind schnell zwei bis drei Stunden vergangen – für viele ein Ding der Unmöglichkeit.

Sollte dies auch für Sie zutreffen, dann ist die gute Nachricht, dass schon wenig körperliche Aktivität einen großen Unterschied zur totalen Inaktivität macht. Studien haben gezeigt, dass bereits eine regelmäßige Bewegung im geringen Umfang die Ausschüttung von Stresshormonen regulieren und den Stress-Level senken kann. Weiterhin werden Blutdruck sowie Blutfett- und Blutzuckerwerte gesenkt und die Leistung der Muskulatur und des Herz-Kreislauf-Systems gestärkt. Zudem aktiviert Bewegung das Immunsystem und lässt uns besser schlafen.

Hier ein paar Tipps und Tricks, mit welchen Sie mehr Bewegung in Ihren Alltag einbauen können.

- **Treppensteigen** Schon ein paar Mal Treppen steigen am Tag ist für den Körper extrem wertvoll. Sie werden schon nach einer kurzen Zeit merken, dass Sie deutlich schneller und leichter nach oben kommen.
- **Eine Station früher aussteigen** Wenn Sie mit öffentlichen Verkehrsmitteln ins Büro oder anderswo hinfahren, dann planen Sie etwas mehr Zeit ein, steigen Sie eine oder zwei Stationen eher aus und gehen Sie den Rest zu Fuß. Hierdurch können Sie Ihren täglichen Bedarf an Bewegung häufig schon decken. Idealerweise sollte man um die 10 000 Schritte am Tag zurücklegen. Wenn Sie wollen,

legen Sie sich einen Schrittzähler zu und kontrollieren Sie Ihre Gehstrecken! Das motiviert und macht Spaß.

- **Mit dem Fahrrad oder zu Fuß zur Arbeit** Sollte es für Sie möglich sein, zu Fuß oder mit dem Rad zur Arbeit zu fahren, dann planen Sie dies am besten ein. Anfangs wird es Ihnen vielleicht noch ungewohnt erscheinen, aber mit der Zeit wird der morgendliche Griff zum Fahrrad oder das Anziehen der Turnschuhe selbstverständlich. Sie werden sehen, welche Wunder es wirkt, wenn Sie am Morgen und am Abend in Bewegung kommen!
- **Spaziergang in der Mittagspause** Ein Spaziergang in der Mittagspause tut dem Körper extrem gut. Es reicht schon, wenn Sie beispielsweise nach dem Mittagessen 15 bis 30 Minuten lang etwas zügiger um den Block gehen. Dabei wird der Körper wieder aktiviert, Sauerstoff aufgenommen und Licht getankt. Dies führt zu einer deutlichen Vitalisierung und hebt die Stimmung.
- **Meeting beim Spazierengehen** Schon Sokrates hat seine wichtigsten Termine und Überlegungen in Bewegung absolviert. Er habe hier die bahnbrechendsten Erkenntnisse gewonnen. Auch Sie können einen Teil Ihrer Termine nach draußen verlegen und damit zwei Fliegen mit einer Klappe schlagen.

Regelmäßige Kraftübungen

Neben einem regelmäßigen aeroben Ausdauertraining ist auch ein kontinuierliches Training der Muskulatur sehr wichtig. Dieses wird jedoch häufig vernachlässigt. Die Körpermuskulatur ist im Allgemeinen sehr gut durchblutet und benötigt viel Energie. Wird die Muskulatur trainiert, dann steigt die Stoffwechselrate und der Grundumsatz des Körpers erhöht sich.

Dabei stellt der Grundumsatz diejenige Energiemenge dar, die der Körper bei völliger Ruhe zur Aufrechterhaltung seiner Körperfunktionen benötigt. Er ist abhängig von Körpergröße, Körpergewicht, Muskelmasse, Geschlecht und Alter und macht ca. 50 bis 70 Prozent unseres gesamten Energiebedarfs aus. Bei einem 80 Kilogramm schweren Menschen beträgt der Grundumsatz ca. 1900 Kilokalorien. Es gilt also die Grundregel: Je mehr Muskeln wir haben, desto mehr Energie verbrauchen wir in Ruhe. Neben der Aktivierung des Stoffwechsels, Vorbeugung von Gelenks- und Rückenproblematiken und der Verbesserung der Körperstatur hilft uns eine Vermehrung der Muskelmasse deshalb auch bei der Gewichtsregulation. Haben wir mehr Muskeln, dann können wir leichter unser Gewicht halten oder auch abnehmen.

Dabei geht es nicht darum, Bodybuilding zu betreiben, sondern vor allem eine gesunde Rumpf- und Skelettmuskulatur aufzubauen.

Tipp: Ein bisschen jeden Tag

Beim Muskeltraining kommt es auf Regelmäßigkeit an. Schon ein paar Übungen am Tag halten Köpervitalität und Kraft auf einem gesunden Niveau. Ein guter Fitnesstrainer kann Ihnen sehr leicht Übungen zeigen, die Sie zur gezielten und sinnvollen Stärkung Ihrer Muskulatur durchführen können – auch ohne Geräte und zu Hause.

Aktive Energetisierung

Unter aktiver Energetisierung verstehen wir alle Aktivitäten, Betätigungen und Rituale, die zu einer Energetisierung des Körpers führen. Dabei werden wir mit unserem Körper und/oder Geist selbst aktiv. Meist stammen diese Techniken aus dem asiatischen Raum. In diesen Regionen ist grundsätzlich eine bewusstere Wahrnehmung von Energien vorhanden. Die folgenden Aktivitäten sind auch hierzulande bekannt und können in diversen Kursen erlernt werden.

Yoga

Yoga ist eine philosophische Lehre aus Indien und unterrichtet je nach Schule körperliche, geistige, meditative und zum Teil auch asketische Praktiken, mit denen Körper, Geist und Seele vereint werden. Hierdurch entsteht eine Zentrierung und Sammlung im Inneren des Körpers, was zu einer erheblichen Energiesteigerung und mehr Lebenszufriedenheit führt.

Es gibt unterschiedlichste Yogarichtungen. Typischerweise bestehen Yogastunden aus sogenannten Asanas (körperliche Übungen), Atemübungen, Tiefenentspannung sowie Meditationsübungen. Meist wird zu Anfang der Körper in unterschiedlichen Yogapositionen aktiviert und am Ende der Stunde folgen die ruhigeren Einheiten.

Yoga gilt grundsätzlich als sehr gesundheitsfördernd und wird in vielen Studien als sehr positiv bezeichnet, da körperliche Aktivitäten und regenerative Einheiten zugleich angeleitet werden. Man bewegt sich also ausreichend und erhält dazu noch den seelischen Ausgleich. Untersuchungen haben ergeben, dass durch Yoga Krankheiten wie Rückenschmerzen, Kopfschmerzen, Depressionen, chronische Müdigkeit, Schlafstörungen und Durchblutungsstörungen deutlich gelindert werden können. Deshalb werden Yogakurse häufig von den Krankenkassen bezuschusst.

Entscheidend bei der Praxis des Yoga ist eine nicht auf Wettbewerb ausgerichtete Einstellung. Es geht dabei nicht darum, der Beweglichste in der Stunde zu sein! Übertriebener Ehrgeiz und die falsche Ausführung der Übungen können zu Verletzungen führen. Nehmen Sie deshalb beim Yoga eine Auszeit von Ihrem Ehrgeiz und gehen Sie sanft mit Ihrem Körper um. Yoga ist kein Wettkampf.

Insbesondere bei Rückenproblemen wie Bandscheibenvorfällen sollten Sie sich vor Beginn der Übungen von einem Arzt untersuchen lassen und den Yogalehrer informieren.

Qigong

Die Bezeichnung Qigong stammt aus dem Chinesischen und beinhaltet zum einen das Wort „Qi", was so viel wie „Energie, Kraft, Vitalität" bedeutet, und zum andern den Ausdruck „Gong", welcher übersetzt als „Arbeit, Üben" verstanden wird. Qigong bedeutet also „die Arbeit oder das Üben mit der Energie". Es stellt neben Akupunktur, Arzneitherapie, Diätetik und Tuina (Heilmassage) eine der fünf Säulen der Traditionellen Chinesischen Medizin dar. Der Ursprung des Qigong liegt in der Kampfkunst. Es soll dazu dienen, den Körper und Geist zu kultivieren und somit zu langer Vitalität zu gelangen. Durch seine besonderen Bewegungsformen werden Blockaden in den sogenannten Meridianen (Energiebahnen der Körpers) gelöst, die Energie zum Fließen gebracht und gleichzeitig ein meditativer Zustand erreicht. Dadurch wird der Geist beruhigt und fokussiert, die Atmung reguliert und die Körperhaltung korrigiert.

Insgesamt gibt es sehr viele unterschiedliche Qigong-Arten, die seit Tausenden von Jahren überliefert werden. Wie beim Yoga ist es auch hier sehr wichtig, auf die Qualifizierung der Lehrer zu achten und auszuprobieren, welche Art einem selbst am meisten liegt. Im Folgenden finden Sie die Beschreibung einer Körperaktivierung aus dem Qigong, die ca. fünf Minuten dauert und die Energie entlang der Meridiane wieder zum Fließen bringt. In China wird diese Übung sehr gerne direkt am Morgen und am Anfang einer Qigong-Übungseinheit praktiziert. Man kann aber auch nur diese Übung durchführen. Sie vitalisiert den Körper etwa am Beginn eines Arbeitstages oder zwischendurch, wenn man etwas Müdigkeit spürt und wieder wach werden will.

Meridian-Klopfübung

Sie stehen locker mit leicht gebeugten Knien, die Füße sind schulterbreit auseinandergestellt und der Rücken ist ganz gerade. Auch der Kopf und der Hals sind aufgerichtet und die Ohren sind am besten direkt über den Schultern (siehe Abbildung 11 a).

Beginnen Sie mit einem kräftigen Reiben der Handflächen und führen Sie dies vor dem Körper, über dem Kopf und hinter dem Rücken jeweils 30 Sekunden lang durch. Hierbei nicht vergessen, auch die Daumen aneinanderzureiben! Auch hier beginnen und enden wichtige Energiebahnen.

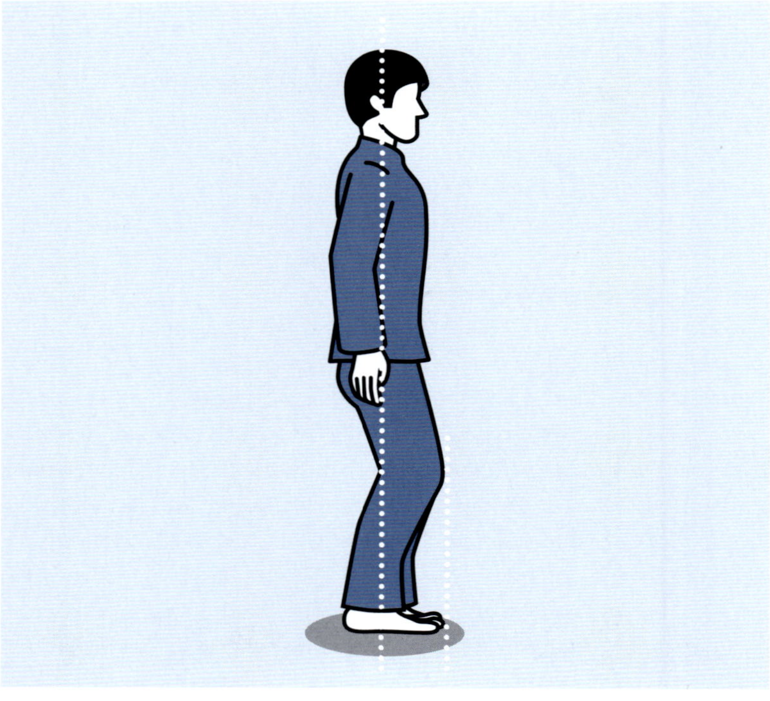

Abb. 11 a: Qigong-Stand

Nach dem Reiben strecken Sie nun den linken Arm locker nach vorne und beginnen mit der rechten Hand kräftig auf die linke Brust zu klopfen (siehe Abbildung 11 b). Die Frequenz sollte hierbei etwa zweimal klopfen pro Sekunde betragen. Nach ca. zehn Sekunden klopfen Sie von der Brust weiter nach oben zu der linken Schulter und bewegen sich an der Außenseite des Arms nach unten bis zur Rückseite des Handgelenks. Hier drehen Sie den Arm um, klopfen auf der Innenseite des Handgelenks weiter und wandern dann am inneren Arm wieder nach oben über die Schulter bis zur Brust. Dies führen Sie insgesamt zweimal durch und wechseln dann die Seite. Auf der anderen Seite klopfen Sie nun mit der linken Hand die rechte Brust und Armpartie auf die gleiche Weise zweimal ab. Damit haben Sie die meisten Meridiane des Oberkörpers bereits aktiviert.

Abb. 11 b: Klopfen der Brust

Abb. 11 c: Klopfen der Beine

Anschließend machen Sie mit dem linken Fuß einen Schritt nach vorne und klopfen mit der linken und rechten Hand die Außen- und Innenseite des Oberschenkels ab (siehe Abbildung 11 c). Sie bewegen sich mit den Klopfübungen langsam nach unten, verharren kurz am Knie und wandern dann weiter über den Unterschenkel bis zur Fußfessel. Hier klopfen Sie vor allem auch im Achillessehnen-Bereich, um dann wieder langsam nach oben zum Oberschenkel zu wandern. Auch diese Übung führen Sie insgesamt zweimal durch und wechseln dann von der linken auf die rechte Seite.

Nun ballen Sie beide Hände zur Faust und verwenden nur die Innenseite Ihrer Fäuste, um kräftig im Lendenwirbelsäulenbereich zu klopfen (siehe Abbildung 11 d). Bleiben Sie ca. 30 Sekunden in diesem Bereich und bewegen sich dann nach unten zum Gesäß und von diesem entlang der Rückseite der Oberschenkel nach unten bis zu den Kniekehlen. Von hier bewegen Sie sich wieder nach oben über das Gesäß bis zum Lendenbereich und klopfen dann so weit nach oben, wie Sie können, ohne dass Sie sich dabei zu sehr verbiegen. Auch diese Übung wiederholen Sie zweimal.

Nun haben Sie den gesamten Körper mit allen seinen Energiebahnen aktiviert. Um diese Energie zu sammeln und Ihre Mitte zu spüren, legen Sie anschließend für ca. fünf Minuten beide Hände etwa zwei Querfinger unterhalb des Bauchnabels auf dem sogenannten Dantien übereinander und schließen die Augen. Dieses stellt einen der wichtigsten Energiepunkte in der TCM dar (siehe Abbildung 11 e). Sie spüren sich einfach für eine Weile hier hinein und beobachten die eigenen Körperphänomene. Möglicherweise merken Sie hier ein leichtes Kribbeln, ein Wärmegefühl, eine Leichtigkeit etc. Wenn Sie dies nicht spüren, ist es auch nicht schlimm, denn häufig kommt dies erst nach einer gewissen Übungszeit und Erfahrung. Wichtig ist, dass Sie sich einfach nur wahrnehmen und sich für mögliche Körperphänomene öffnen.

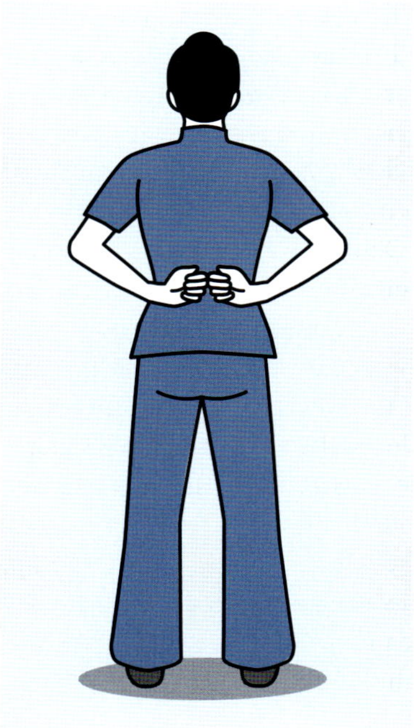

Abb. 11 d: Klopfen im Lendenwirbelbereich

Abb. 11 e: Hände auf Dantien

Akupressur

Die Akupressur ist wie die Akupunktur ein Teilgebiet der Traditionellen Chinesischen Medizin und wird nach Überlieferungen schon seit über 2500 Jahren angewendet. Sie orientiert sich an den Meridiansystemen (Energiebahnen) des Körpers und beeinflusst diese durch Fingerdruck und Reibung an 361 möglichen Akupressurpunkten, die auf diesen Energiebahnen liegen. Dieses System von Bahnen und Punkten basiert auf der Vorstellung, dass Qi (Energie) im Organismus zirkuliert und alle Funktionen aufrechterhält. Bei der Behandlung werden

Ungleichgewichte des Körpers ausgeglichen. Ein Zuviel an Energie an einem Ort wird in Bahnen abgeleitet, die zu wenig Energie haben. Die Akupressur ist von der Vorgehensweise der Akupunktur sehr ähnlich, mit dem Unterschied, dass bei Letzterer mit Nadeln gearbeitet wird, die in die Haut gesteckt werden.

Ein großer Vorteil der Akupressur ist, dass Sie diese jederzeit und ohne Hilfsmittel oder Geräte (auch bei sich selber!) durchführen können. Die Kenntnis der wichtigen Punkte und die eigenen Hände reichen dazu vollkommen aus. Dadurch können Sie bei unterschiedlichsten Leiden wie Kopfschmerzen, Müdigkeit, Abgeschlagenheit, Rückenschmerzen, Schnupfen, Allergien und vielen mehr in kürzester Zeit eine deutliche Linderung erfahren. Halten Sie sich dabei an folgende grundsätzliche Vorgehensweise:

Akupressur: So wird's gemacht

1. Den Akupressurpunkt aufsuchen
2. Die Fingerkuppe fest darauflegen
3. Zwei Minuten lang mit kreisenden Bewegungen massieren
4. Schmerzhafte Punkte nur sanft behandeln
5. Kurz nachwirken lassen und hineinspüren
6. Wenn nötig anschließend weitere Punkte behandeln

Zwei wichtige Akupressurpunkte wollen wir nun in ihrer Wirkung beschreiben und darstellen, wie Sie sie finden.

Herz 7: Zur Beruhigung

Auf Chinesisch heißt der Herz-7-Punkt Shenmen, was so viel bedeutet wie „Pforte des Geistes“ oder „Die Straße zur Heiterkeit“. Er ist sehr gut dazu geeignet, um sich bei Erregungszuständen wie z. B. Ärger, innerer Unruhe, Angst oder Herzklopfen zu beruhigen und etwas „herunterzufahren". Da der Punkt am Handgelenk liegt, kann man ihn völlig unauffällig (etwa unter dem Tisch bei einem Gespräch oder kurz vor einem Vortrag auf der Bühne) massieren.

Sie finden den Herz-7-Punkt, indem Sie an der äußeren Handkante vom kleinen Finger bis zur oberen Handgelenksfalte (trennt die Hand vom Unterarm) herunterfahren. Genau auf Höhe der Handgelenksfalte und etwa einen Zentimeter in Richtung Handgelenksmitte ertasten Sie einen kleinen Knochenvorsprung, das Erbsenbein. An diesem Knochen entlang tasten Sie ca. 5 Millimeter weiter in Richtung Handgelenksmitte. Dort spüren Sie dann eine kleine Delle oder Loch am Fuße des Knochens.

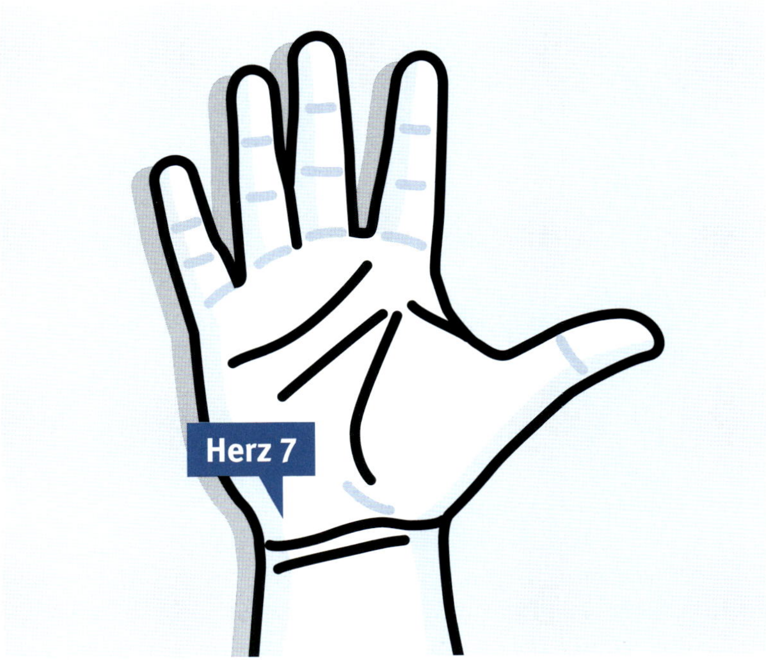

Abb. 12: So finden Sie den Herz-7-Punkt

Behandeln Sie diesen Punkt bei Aufregung wie oben beschrieben und spüren Sie die eintretende Beruhigung. Dabei ist es egal, welche Hand Sie benutzen.

Magen 36: Zur Stärkung und Energetisierung

Dieser Punkt heißt im Chinesischen Zu san li, was mit „Dritter Weiler am Fuß" übersetzt wird. Er ist einer der wichtigsten Energiepunkte des Körpers und wird deshalb auch in der Akupunktur sehr häufig therapiert. In der Akupressur wird er vor allem dann verwendet, wenn sich Symptome wie Müdigkeit, Abgeschlagenheit, Antriebslosigkeit und eine Energieleere zeigen.

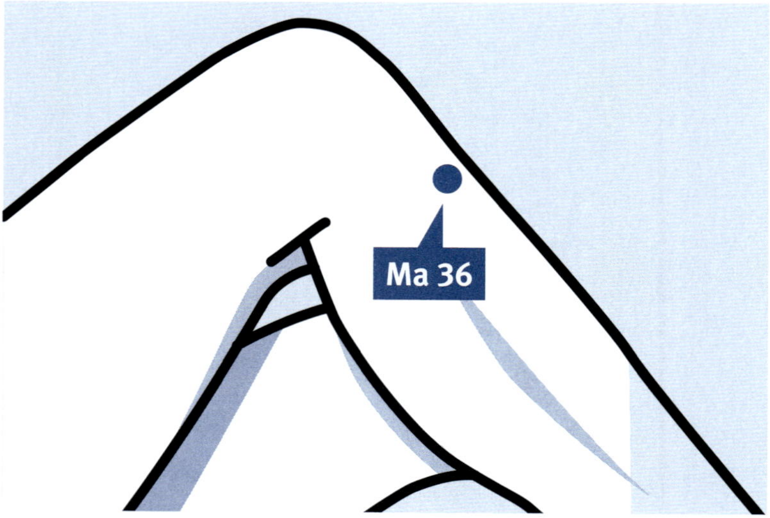

Abb. 13: So finden Sie den Magen-36-Punkt

Magen 36 befindet sich im Kniebereich. Ihn ertasten Sie, indem Sie zuerst den unteren Rand Ihrer Kniescheibe mittig aufsuchen. Von dort rutschen Sie etwa zwei Querfinger direkt nach unten auf das Schienbein. Von hier tasten Sie dann ca. zwei Querfinger nach außen und fühlen einen deutlichen Knochenvorsprung des Schienbeins. Wenn Sie von diesem Knochen etwa einen Zentimeter direkt nach unten gleiten, fällt Ihr Finger in eine kleine Eindellung am Fuße des Knochenhügels. In Richtung Mitte spüren Sie das Schienbein und nach außen eine Muskelsehne. Damit befinden Sie sich auf Magen 36 und können diesen einseitig oder aber auch beidseitig wie oben beschrieben massieren.

Mit Yoga, Qigong und der Akupressur haben wir hier die bekanntesten Methoden der aktiven Energetisierungbeschrieben. Es gibt aber noch weitere interessante Techniken (z. B. Tai-Chi, Kung-Fu, Zen-Techniken etc.). Deshalb gilt auch hier: Probieren geht über Studieren. Probieren Sie sie einfach einmal aus und entscheiden Sie selbst, welche dieser Techniken Ihnen liegt.

Tipp: Einen Kurs belegen

Versuchen Sie eine Methode der aktiven Energetisierung in Ihren Tagesablauf einzubauen. Sinnvoll ist es sicherlich, hierzu erst einmal einen Kurs zu besuchen und dann selber weiterzuüben. Neben anderen Anbietern bieten auch alle Volkshochschulen eine breite Palette an Kursen an. Mit diesen Techniken erlangt man meist schon nach kurzer Zeit ein sehr gutes Körpergefühl. Sie werden das bereits bemerken, wenn Sie anfangs nur zweimal in der Woche für 15 Minuten üben!

Passive Energetisierung

Hier kommen wir zum vielleicht angenehmsten Teil unseres Buches. Unter passiven Energetisierungstechniken versteht man nämlich Anwendungen, die Energie geben, ohne dass man aktive Übungen durchführen muss. Hierbei liegt man meist auf einer Behandlungsliege und lässt an sich arbeiten und sich verwöhnen. Auch diese Techniken können Ihnen dabei helfen, Ihren Energiehaushalt zu verbessern.

Tipp: Einfach verwöhnen lassen

Gönnen Sie sich einmal pro Woche einen Anwendungstermin Ihrer Wahl und lassen Sie sich verwöhnen!

Einige besonders energetisierende Techniken, vor allem aus dem asiatischen Raum, nutzen gezielte energetische Griffe, Heilmethoden, Klopfungen etc.

Reiki

Das Wort Reiki stammt aus dem Japanischen und leitet sich von den Wörtern „Rei“ (Universum, Geist) und „Ki“ (Energie) ab. Somit bedeutet es so viel wie „universale Lebensenergie“. Diese Methode wurde von Mikao Usui Anfang des 20. Jahrhunderts entwickelt und wird seitdem durch spezielle Schulen und Meister weitergegeben.

Bei der Reiki-Therapie wird durch Handauflegen auf den Körper die im Universum vorhandene Energie durch den Therapeuten in den Patienten weitergeleitet und bringt damit die sogenannten Körperchakren (feinstoffliche Energiezentren) wieder ins Gleichgewicht. Es gibt sieben Hauptchakren sowie Nebenchakren.

Eine Behandlung dauert zwischen 30 und 60 Minuten und wird in völliger Stille oder mit Entspannungsmusik durchgeführt. Hierbei legt der Therapeut seine Hände vorsichtig von Kopf bis Fuß auf die Chakren des Körpers auf und verweilt dort jeweils für ein paar Minuten. Meist tritt dabei ein sehr tiefer Entspannungszustand ein.

Reiki bewirkt eine allgemeine Steigerung des Wohlbefindens, erhält die Gesundheit und aktiviert die Selbstheilungskräfte im Krankheitsfall.

Tuina

Tuina ist eine Massageform der TCM. Der Begriff setzt sich aus den Wörtern „Tui“ (schieben, drücken) und „Na“ (greifen, ziehen) zusammen und beschreibt damit schon die grundlegende Technik.

Bei der Tuina-Therapie setzt der Anwender Schiebe-, Reibe- und Ziehtechniken ein und verbindet diese häufig mit Akupressur und Druckbehandlung bestimmter Energiepunkte. Diese bearbeitet der Therapeut teilweise auch mit der Faust, den Ellenbogen und dem Knie. Weiterhin kommen aber auch Techniken aus der Chiropraktik und manuellen Therapie zur Anwendung.

Eine Behandlung dauert meist zwischen 45 und 60 Minuten, wobei intensiv mit dem Körper des Klienten gearbeitet wird. Deshalb kann eine traditionelle Tuina-Anwendung teilweise auch sehr schmerzhaft sein. Ein Entspannungseffekt stellt sich meist erst nach der Behandlung ein.

Durch eine Tuina-Anwendung wird die Energie (Qi) des Körpers reguliert und wieder zum Fließen gebracht. Blockaden werden aufgelöst und die Organe und der gesamte Bewegungsapparat können wieder reibungslos arbeiten. Zusätzlich wird auch die Seele mit dem Körper in Einklang gebracht, was eine gute Vorbeugung gegen Stress bedeutet.

Shiatsu

Shiatsu stammt aus dem Japanischen und heißt wörtlich übersetzt „Fingerdruck“. Die Therapieform ist im Japan des 20. Jahrhunderts entstanden und leitet sich ursprünglich eigentlich aus dem Tuina (siehe oben) und anderen energetischen Körperarbeiten ab. Zu dieser Zeit wurde in Japan viel im „Energiebereich“ weiterentwickelt und man war bestrebt, sich klar von sogenannten Wellnessanwendungen abzugrenzen.

Ähnlich wie auch bei Tuina arbeitet der Therapeut beim Shiatsu mit Einsatz des gesamten Körpers und versucht während der Behandlung eine „energetische Beziehung" zum Patienten zu entwickeln.

Neben der Behandlung einzelner und typischer Akupunkturpunkte wird beim Shiatsu auch häufig entlang der bekannten und verbindenden Meridiane behandelt. Der Therapeut kann aber auch vollkommen von den gegebenen Systemen abweichen und einfach seiner eigenen Intuition, Achtsamkeit und Wahrnehmung folgen, mit denen er auf die Befindlichkeiten und Wünsche des Patienten eingehen kann. Zusätzlich beinhaltet Shiatsu auch eine Vielzahl von unterschiedlichen Mobilisierungsübungen.

Eine Shiatsu-Anwendung dauert in der Regel zwischen 45 und 60 Minuten und kann wie Tuina schmerzhaft sein. Typischerweise wird auf einer bestimmen Tuina-Matte oder einem Futon auf dem Boden behandelt.

Shiatsu fördert die körperliche, emotionale und geistige Ausgeglichenheit und soll zusätzlich Möglichkeiten für die eigene Entwicklung und Entfaltung aufzeigen. Meist wird es als Heilmethode bei Beschwerden im Bewegungsapparat angewendet (z. B. Knie-, Schulter- und Rückenschmerzen).

Kraftorte aufsuchen

Als Kraftorte werden überwiegend geographische Orte bezeichnet, die eine besondere Ausstrahlung haben. Sie können positiv, beruhigend, entspannend, vitalisierend, bewusstseinserweiternd, stärkend, magisch und auf vielerlei weitere Weisen wirken.

Nach energiewissenschaftlichen Vorstellungen haben diese Orte eine besondere Erdstrahlung, die mit Radiästhesie („Wünschelrutengang") aufgedeckt und gemessen werden kann. Häufig handelt es sich um vorchristliche Sakralbauten und Kultstätten oder auch sagenumwobene Orte wie Höhlen, Felsen, Bäume, Quellen, Schluchten, Burgen etc.

Typischerweise sucht man einen Kraftort auf, um mit Achtsamkeit ein Gespür für dessen Energien zu erhalten. Manche Menschen wollen hier einfach nur Kraft tanken und sich dabei in der freien Natur bewegen, andere wiederum nehmen sich Zeit für Besinnung oder die Durchführung von Entspannungstechniken. Auch wenn bestimmte Lebensveränderungen anstehen, spüren viele Menschen an einem Kraftort in sich hinein, bevor sie eine Entscheidung fällen.

Kraftorte gibt es überall. Oft findet man Auskünfte darüber im Internet.

Energiehilfen

In den letzten Jahren wurde der Markt förmlich überschwemmt mit Produkten, die nach Aussagen der Hersteller mit Energien programmiert oder angereichert sind. Dabei handelt es sich meist um modische Armbänder, Halsketten, Funktionswäsche, Tapes für die Haut, Steine, Mineralien, Karten und dergleichen. Die Vielfalt und der Ideenreichtum sind hier scheinbar grenzenlos.

Grundsätzlich spricht überhaupt nichts dagegen, sich auch mal eines dieser Produkte zunutze zu machen, da die Anwendung sehr einfach ist. Allerdings ist auch hier, wie bei vielen „energetischen Methoden", der wissenschaftliche Nachweis der Wirkung sehr schwierig. Zusätzlich wirken bei diesen Produkten aber immer auch der sogenannte Placeboeffekt und eine mentale Erinnerungshilfe mit. Trägt man beispielsweise ein Armband, welches besonders gute Energie und inneres

Gleichgewicht verspricht, dann wird man bewusst, aber auch unbewusst ständig daran erinnert, ins Gleichgewicht zu kommen. Und aus der Psychologie wissen wir, dass bereits dies wirkt.

Tipp: Klassische Massage

Natürlich gibt es noch viele andere Methoden, die dem Körper guttun und ebenfalls energetisierend und vitalisierend wirken. Falls Sie Vorbehalte gegenüber fernöstlichen Techniken haben, dann machen Sie einfach klassische Massagetermine aus. Halten Sie sich auch hier an den Grundsatz: Gut ist, was guttut!

Special: Vitalisierungs- und Anti-Aging-Tipps

Die Anti-Aging-Medizin ist derzeit sicher eines der populärsten Gesundheitsgebiete. Dies wird besonders deutlich, wenn man aktuelle wissenschaftliche Veröffentlichungen durchsieht oder die Beauty- und Wellness-Seiten von Zeitungen und Magazinen durchblättert.

Neue Forschungen entdecken immer wieder innovative Methoden und Medikamente, die ein langsameres Altern und ein gesünderes Leben versprechen. Hierbei wird eine zum Teil unüberschaubare Vielfalt an Möglichkeiten angeboten, in der sich der Laie sehr leicht verlieren kann.

Um Ihnen die Anwendung von Anti-Aging-Methoden zu erleichtern, erhalten Sie im Folgenden eine Zusammenstellung der aktuell wichtigsten Anti-Aging-Tipps und -Tricks für den Alltag. Wenn Sie die beachten, können Sie Ihr Leben ein Stück weit gesünder und vitaler gestalten.

Was macht uns alt?

Zunächst aber eine kurze wissenschaftliche Betrachtung des Alterns:

Auf die Frage, was uns nun altern lässt, gibt uns die Anti-Aging-Medizin wichtige wissenschaftliche Hinweise. Nach dem derzeitigen Stand der Forschung wurden vor allem zwei Mechanismen für die Alterung der Zellen identifiziert:

1. Oxidation durch freie Radikale
2. Schleichende Entzündungsprozesse in den Zellen

Weiterhin werden in den neusten Studien als „Altmacher" auch elektrische Spannungsänderungen an den Genen, Karamellisierungsprozesse von Proteinen durch Zucker und eine abnehmende Effizienz beim Recycling der Zellen diskutiert. Dieser Gegenstand der Forschung ist allerdings noch neuartig und weitestgehend nicht wirklich vollständig belegt, weshalb wir hier nicht näher auf diese Kenntnisse eingehen.

Altmacher 1: Oxidation durch freie Radikale

Bei jeder Energiegewinnung im Körper benötigt der Mensch Sauerstoff. Hierbei entstehen sehr aktive Sauerstoffmoleküle, die freien Radikale, welche auf die umliegenden Moleküle und Zellen aggressiv wirken und diese sogar zerstören können, wenn kein ausreichender Schutz vorhanden ist. Dies geschieht in jeder Sekunde mit ca. 10 000 Sauerstoffmolekülen in unserem Körper. Im Normalfall sind in einem gesunden Körper jedoch in den meisten Zellen ausreichende Schutzvorrichtungen dagegen vorhanden. Wenn diese natürlichen Mechanismen jedoch nicht mehr ausreichen, kommt es zu verstärkten Zellschäden und im Extremfall zu einer Zerstörung der Zellen. Wir altern! Um dies zu vermeiden, helfen uns vor allem die sogenannten Antioxidantien, durch welche freie Radikale abgefangen und neutralisiert werden. Weiter unten beschreiben wir diese Radikalfänger genauer.

Altmacher 2: Schleichende Entzündungsprozesse

Die schleichenden Entzündungsprozesse, auch Silent inflammations genannt, haben grundsätzlich eine positive Wirkung im Körper. Sie werden aktiviert, wenn sich Infektionen oder Krankheitserreger im Körper breitmachen, und dienen damit als Schutzschild für unsere Gesundheit. In diesen natürlichen Entzündungsreaktionen werden Zellen aktiviert, die den externen Feind erkennen, angreifen und schließlich abbauen. Ein typisches Beispiel hierfür ist die normale Wundheilung, die meist von einer leichten Entzündungsreaktion begleitet wird. Sie äußert sich durch ein Nässen und Jucken.

Aktiviert werden diese Entzündungsreaktionen vor allem durch die in der Nahrung vorhandenen Omega-6-Fettsäuren, die überwiegend in industriell verarbeiteten pflanzlichen Ölen (z. B. in Sonnenblumenöl, Maiskeimöl, Margarine) vorhanden sind. Damit diese allerdings nicht überhandnehmen, gibt es hierzu einen natürlichen Gegenspieler, der diese natürlichen Entzündungsprozesse eindämmt und die Zellen schützt. Diese Gegenspieler sind die Omega-3-Fettsäuren, welche im Idealfall ausreichend in unserer täglichen Nahrung vorhanden sein sollten. Nach der Deutschen Gesellschaft für Ernährung e. V. (DGE) ist ein Verhältnis zwischen Omega-6-Fettsäuren und Omega-3-Fettsäuren von 5:1 optimal und zellschützend. Leider haben die entzündungsfördernden Fettsäuren in unserer Nahrung jedoch meist ein zehn- bis 20-faches Übergewicht, wodurch die schleichenden Entzündungsprozesse entstehen. Da dies unterhalb der Wahrnehmungs- beziehungsweise Schmerzgrenze geschieht, wird uns diese Gefahr meist über Jahrzehnte nicht bewusst. Leidtragende Organe sind vor allem die Blutgefäße, die langsam verkalken und hiermit die Herz-Kreislauf-Erkrankungen mit hohem Blutdruck und Herzinfarkt begünstigen. Aber auch negative Auswirkungen auf das Immunsystem, Altersdemenz und Krebsentstehung werden in Studien beschrieben.

Die wichtigste Maßnahme zur Vermeidung dieser schleichenden Entzündungsprozesse ist also eine ausgewogene und an Omega-3-Fettsäuren reiche Ernährung, die unten beschrieben wird.

Mit gesundem Essen das Altern verlangsamen

Antioxidantien: Schutz vor Oxidation

Antioxidantien sind chemische Verbindungen, die im Körper nicht erwünschte Oxidationen von Substanzen verhindern (siehe oben). Sie sind natürlicherweise in allen Körperzellen zum Schutz vorhanden. Häufig reichen diese aber nicht aus. Deshalb kann es sinnvoll sein, sie durch die Nahrung zu ergänzen. Neben synthetisch hergestellten Antioxidantien sind bestimmte sekundäre Pflanzenstoffe eine wichtige Quelle von Antioxidantien. Sekundäre Pflanzenstoffe kommen in vielen Gemüse- und Obstarten, Kräutern, Samen, Tees, aber auch Kaffee vor.

So wirken Antioxidantien auf unseren Körper

- Blutdrucksenkung
- Stärkung des Immunsystems
- Primäre Abwehr von Bakterien
- Entzündungshemmung
- Verhinderung von Thrombosen
- Blutzuckerregulierung
- Cholesterinsenkung
- Hinderung der Krebsentstehung
- Förderung der Verdauung
- Hormonähnliche Wirkungen

Im Folgenden haben wir die gängigsten und effektivsten antioxidativen Stoffe und Pflanzen zusammengestellt. Sie können sie als gesunde Nahrungsergänzung problemlos in Ihren Ernährungsplan einbauen:

- **Resveratrol** Resveratrol gehört als Polyphenol mit ausgeprägten antioxidativen Eigenschaften zur Gruppe der sekundären Pflanzenstoffe. Man findet es vor allem in Himbeeren, Maulbeeren, Erdnüssen und am meisten in Weintrauben. Aufmerksam auf Resveratrol wurde man besonders durch das „französische Paradoxon", in dem statistisch erhoben wurde, dass in Frankreich deutlich weniger Herzprobleme auftreten als in anderen europäischen Ländern und Amerika, obwohl sich die Durchschnittsernährung in Bezug auf Fett und Cholesterin nicht unterscheidet. Die Erklärung hierfür wird im regelmäßigen Rotweinkonsum der Franzosen vermutet, wodurch dem Körper das Resveratrol zugeführt wird. Zusätzlich zu seiner antioxidativen Wirkung soll Resveratrol auch den Alterungsprozess der Zellen verlangsamen, da es dem Körper vermittelt, dass sich der Mensch in einer „Hungerdiät" befindet. Die Zellen verfallen dadurch in eine Art Dornröschenschlaf und werden für bessere Zeiten geschont. Hierbei aktiviert das Resveratrol genauso wie die oben erwähnte Insulinkarenz die sogenannten Sirtuine, das sind Reparaturenzyme, die auf die Erbinformation (DNA) in den Zellkernen wirken. Hier werden defekte Areale repariert, sodass wieder neue und voll funktionsfähige Zellen nachproduziert werden. Wir weisen jedoch darauf hin, dass Alkohol im Allgemeinen sehr ungesund ist, und raten deshalb grundsätzlich von Alkoholkonsum ab. Resveratrol gibt es auch als Nahrungsergänzungsmittel, das in Form von Tabletten in der Anti-Aging-Medizin immer häufiger eingesetzt und empfohlen wird. Bei der Anwendung bemerkt man subjektiv keine Anzeichen von Hunger oder Abgeschlagenheit.
- **Grüner und weißer Tee** Tee entspannt die Seele und hat zudem oft eine positive Wirkung auf den Körper. Besonders dem grünen und weißen Tee wird eine außergewöhnliche gesundheitsfördernde Wirkung zugeschrieben. Dabei spielen besonders die enthaltenen Polyphenole und Katechine eine tragende Rolle. Diese Tees wirken hoch antioxidativ. Für viele Anti-Aging-Spezialisten sind der grüne und weiße Tee die Anti-Aging-Getränke schlechthin. Durch ihre

zahlreichen Inhaltsstoffe (Vitamin A, C, B2, B12, Kalzium, Kalium, Zink, Magnesium, Fluorid, Kupfer) beeinflussen sie die Gesundheit sehr positiv. Es ist sogar belegt, dass sie bestimmte Krebserkrankungen (Darmkrebs, Brustkrebs) und Karies vorbeugen können. Weiterhin wirken sich diese Tees positiv auf das Herz-Kreislauf-System aus (indem sie Arteriosklerose entgegenwirken und die Atmung unterstützen), senken den Cholesterinspiegel (hier besonders das „schlechte" LDL), sind gut für die Haut und fördern die Narben- und Wundheilung. Wir empfehlen zwei bis drei Tassen grünen oder weißen Tee täglich.

- **Goji-Beeren** Die Goji-Beere (auch Gemeiner Bocksdorn) ist eine rote und ca. 2 Zentimeter lange, schmale Frucht, die ursprünglich aus China stammt. Man findet sie meist in Naturkostläden in getrockneter Form und kann sie beispielsweise ins Müsli geben oder einfach als kleinen Snack knabbern. In der westlichen Anti-Aging-Medizin gelangt sie zu immer mehr Ruhm, da auch sie extrem antioxidativ wirkt. Nach neuesten Analysen enthält die Goji-Beere neben 19 Aminosäuren auch verschiedene Vitamine, Fettsäuren, 21 Spurenelemente und wertvolle Mineralstoffe. Sie stärkt das Immunsystem, wirkt Stress und Erschöpfung entgegen und beeinflusst Diabetes, Herzprobleme, Nieren- und Leberleistung positiv. Weiterhin soll sie auch vor Amyloid-Peptiden schützen und damit eine gute Vorsorge für eine Altersdemenz (etwa Alzheimer) liefern.
- **Jiaogulan** Die süß-herb schmeckenden Jiaogulan-Blätter werden seit Jahrhunderten vor allem als Teeaufguss in den bergigen Regionen Südchinas getrunken. Hier wird Jiaogulan auch „Kraut der Unsterblichkeit" genannt. Die Traditionelle Chinesische Medizin beschreibt Jiaogulan-Tee als belebend, vitalisierend und ausgleichend auf Körperfunktion und -energie. Als Inhaltsstoffe wurden vor allem die Ginsenoside gefunden, die auch in Ginseng enthalten sind, und Saponine, welche sich unter anderem auch positiv auf die Hormonsynthese auswirken. Jiaogulan-Tee sollte deshalb besonders

in stressigen Zeiten und zur Stärkung des Immunsystems getrunken werden. In der Provinz Guizhou wird die überdurchschnittliche Anzahl der über 100-Jährigen auf den regelmäßigen Genuss von Jiaogulan zurückgeführt.

- **Granatapfel** Der Granatapfel gehört zu den potentesten Antioxidantien. Dies ist vor allem auf seinen reichen Gehalt an Polyphenolen zurückzuführen. Granatapfelsaft übertrifft die antioxidative Wirkung von Blaubeersaft und Cranberrysaft bei Weitem und soll sogar die starken Antioxidantien wie Rotwein und Grüntee um das Drei- bis Vierfache überflügeln. Wissenschaftliche Studien belegen, dass schon ein täglicher Verzehr von 250 Milliliter Granatapfelsaft über eine Woche den antioxidativen Schutz im Blut um 9 Prozent und ein regelmäßiger Gebrauch über ein Jahr sogar um 130 Prozent ansteigen lässt.

Omega-3-Fettsäuren: Schutz vor schleichender Entzündung

Die Omega-3-Fettsäuren (α-Linolensäure) zählen zu den mehrfach ungesättigten Fettsäuren. Dies sind essenzielle Fettsäuren, das heißt, sie können von unserem Körper nicht herstellt, sondern nur aufgenommen werden. Durch bestimmte Enzyme werden Omega-3-Fettsäuren in Eicosapentaensäure(EPA) und Docosahexaensäure (DHA) umgewandelt. Hierbei handelt es sich vor allem um die gesundheitlich aktiven Substanzen, die sich sehr günstig und gesundheitsfördernd auf den Körper auswirken.

So wirken Omega-3-Fettsäuren auf unseren Körper

- Minderung der schleichenden Entzündungsreaktionen
- Stabilisierung der Gefäße
- Senkung der Blutfettwerte
- Vorbeugung von Herzrhythmusstörungen
- Blutdrucksenkung

Omega-3-Fettsäuren sind vor allem in folgenden Lebensmitteln vorhanden:

Hochseefisch	Pflanzenöle
▪ Atlantischer Lachs ▪ Sardellen ▪ Sardinen ▪ Atlantischer Hering ▪ Makrele ▪ Weißer Thunfisch	▪ Leinsamen, Leinöl ▪ Leindotter, Leindotteröl ▪ Walnüsse, Walnussöl ▪ Rapsöl ▪ Sojaöl

Um eine ausreichende Zufuhr von Omega-3-Fettsäuren zu gewährleisten, wird von der Deutschen Gesellschaft für Ernährung (DGE) eine tägliche Aufnahme von 250 Milligramm EPA und/oder DHA empfohlen. Um dies zu erreichen, sollten Sie mindestens zweimal in der Woche eine Mahlzeit mit den oben angegebenen Fischen essen und möglichst häufig die genannten pflanzlichen Öle verwenden. Sinnvoll sind beispielsweise ein bis zwei Esslöffel Leinsamen etwa im Müsli. Sollte bei Ihnen eine ausreichende Zufuhr durch die Ernährung nicht gewährleistet sein, können Sie auch Fischölkapseln als Nahrungsergänzung einnehmen. Sie sind in der Apotheke und im Reformhaus erhältlich.

Das ROME-System im Alltag: Umsetzungstipps

Wenn Sie das Buch bis hierher gelesen haben, konnten Sie hoffentlich konstruktiv über einige Dinge in Ihrem Leben nachdenken und diverse hilfreiche Ansätze, Übungen und Tipps kennenlernen, um Ihr Leben von Stress zu befreien. Jetzt heißt es, dieses Wissen in den Alltag zu integrieren, getreu dem Motto: Es gibt nichts Gutes, außer man tut es!

Bezüglich Umsetzungserfolg und Nachhaltigkeit von Buch-, Coaching- und Seminarinhalten durften wir in unserer jeweils mehr als 15-jährigen Tätigkeit als Arzt, Coach, Berater und Referent bereits viel lernen. So erlebten wir in der Vergangenheit häufig Teilnehmer, die nach einem Seminar begeistert, inspiriert und hoch motiviert waren.

Wenn wir die gleichen Teilnehmer z.B. in einem Folgeseminar ein Jahr später wiedersahen, freuten wir uns schon auf ihre Erfahrungsberichte und Erfolge in der Umsetzung. Leider wurden wir jedoch immer wieder enttäuscht. Oft wussten sie nur noch einen Bruchteil der vor einem Jahr behandelten Inhalte. Umgesetzt und in ihr Leben integriert hatten sie noch weniger.

Was war das Problem? Warum setzen generell so wenige Menschen so wenige ihrer guten Vorsätze um? Wir glauben, dass es grundsätzlich an zwei Phänomenen liegt.

Erstens: Sie vergessen die guten Absichten schlichtweg. Kaum verlässt man den Seminarraum oder legt das Buch zur Seite, ist man wieder im Alltag gefangen. Selbst wenn man von den Inhalten begeistert war, zieht einen der Alltag wie ein Magnet wieder in die alten Muster. Wir haben gerade keine Zeit, verschieben die Umsetzung und schon bald ist die anfängliche Inspiration vergessen. Studien belegen sogar, dass alles, was wir nicht innerhalb von 72 Stunden nach einem Seminar in unser Leben integrieren, sich auch später nicht einstellen wird.

Zweitens: Selbst wenn wir klare Vorsätze haben und daran denken, hindert uns häufig der innere Schweinehund, diese zu verwirklichen.

Um unseren Klienten die Umsetzung ihrer Vorhaben zu erleichtern, haben wir folgende Umsetzungsformel aufgestellt:

Sich erinnern + inneren Schweinehund überwinden = Umsetzungserfolg

Im Folgenden erklären wir, wie Sie die einzelnen Komponenten am besten sicherstellen können. Egal was Sie sich für die Zukunft vornehmen, wenn Sie diese Ratschläge befolgen, werden Sie Ihre guten Vorsätze in Realität verwandeln.

Sich erinnern

Damit Sie sich selbst an Ihre Verhaltensziele erinnern können, haben Sie bereits im Kapitel über mentale Kompetenz ein einfaches Werkzeug kennengelernt: das mentale Tagebuch. Es ist wissenschaftlich belegt, dass aufgeschriebene Ziele wesentlich häufiger umgesetzt und erreicht werden als nicht aufgeschriebene. Wenn Sie dann noch jeden Abend kurz darüber reflektieren, wie erfolgreich Sie Ihr Ziel an diesem Tag verfolgt haben, bleiben Ihre Vorhaben im Bewusstsein. Die dafür benötigte Zeit beschränkt sich meist auf eine Minute pro Tag. Deshalb lautet unser Rat an Sie:

Schreiben Sie Ihre Ziele noch heute in das mentale Tagebuch und führen Sie dieses mindestens 40 Tage, wenn Sie eine Veränderung einleiten wollen.

Zusätzlich zur bewussten Erinnerung durch das mentale Tagebuch möchten wir Ihnen auch raten, das ebenfalls bei den mentalen Kompetenzen beschriebene **Priming** zu nutzen, um Ihr Unterbewusstsein auf leichte Weise immer wieder an Ihren gewünschten Zustand oder Ihr gewünschtes Verhalten zu erinnern. Wählen Sie am besten Gegenstände, Bilder, Musik oder Düfte, die Sie an das Gefühl erinnern, welches Sie gerne haben und mit welchem es Ihnen leichtfällt, Ihren Vorsatz umzusetzen. In unseren Seminaren arbeiten wir häufig mit Bildern oder Gegenständen. So erhält jeder Teilnehmer am Ende sein persönliches Bild oder einen Gegenstand, das oder der seinen „Zielzustand" darstellt. Dieses Bild oder diesen Gegenstand (z. B. ein schöner Stein) platzieren unsere Klienten dann so häufig und so auffällig wie möglich in ihrem Leben. Wählen auch Sie sich etwas aus, das Sie automatisch an Ihren Vorsatz und das gute Gefühl erinnert, wenn Sie diesen Vorsatz erreicht haben. Am besten tragen Sie diesen Gegenstand ständig bei sich.

Den inneren Schweinehund überwinden

Minimalansatz Typischerweise blicken wir beim Jahreswechsel auf das vergangene Jahr zurück und analysieren die guten und schlechten Dinge, die darin passiert sind. Im Anschluss überlegen wir dann, was wir im neuen Jahr alles besser machen könnten. Wir zeichnen eine ideale Welt, in der wir mehr Sport treiben, gesünder essen, mehr Erfolg im Job haben, mehr Zeit mit der Familie und den Freunden verbringen usw. Wir denken dann: „Wenn ich dies alles mache, ist mein

Leben perfekt!" Nach nur wenigen Wochen im neuen Jahr kommt jedoch meist etwas dazwischen. Wir werden z. B. krank oder bekommen einen nicht eingeplanten Arbeitsauftrag im Beruf oder zu Hause und schon können wir die Idealvorstellung nicht mehr perfekt erreichen. Die Realität des Alltags holt uns ein und anstatt wenigstens ein bisschen etwas zu tun, sind wir unzufrieden und tun gar nichts mehr.

Das Problem hier liegt hauptsächlich darin, dass wir uns zu viel vornehmen. Wir wählen den Maximalansatz, den wir freilich nur umsetzen können, wenn alles perfekt läuft und uns unser Umfeld keine Steine in den Weg wirft: „Wenn ich nicht mindestens eine Stunde ins Fitnessstudio gehen kann, fange ich erst gar nicht an."

Dieses „Ganz oder gar nicht"-Motto ist hier aber höchst hinderlich. Wir möchten Ihnen stattdessen den Minimalansatz vorschlagen, der anhand eines speziellen Fitnessprogramms in den USA getestet wurde. Hierbei mussten sich die Teilnehmer nur verpflichten, zehn Sekunden pro Tag zu trainieren. Die Beteiligungsrate war riesig. Sogar die am meisten beschäftigten Menschen der Welt (und das denken komischerweise viele von sich) gaben zu, zehn Sekunden pro Tag für ihre Gesundheit investieren zu können.

Der Erfolg dieses Ansatzes war beeindruckend. Nicht nur, dass die Umsetzungsrate um ein Vielfaches höher war als bei jedem anderen Programm. Es stellte sich auch folgendes Phänomen ein: Erlebte ein Teilnehmer einen anspruchsvollen Tag, an dem er eigentlich keine Zeit für irgendetwas hatte, so raffte er sich trotzdem auf, wenigstens die zehn Sekunden zu leisten. Nachdem der innere Schweinehund überwunden war, diese ersten Sekunden zu üben, war es häufig der Fall, dass er weitermachte, um zumindest die erste Übung zu komplettieren. Und nach diesen ein bis zwei Minuten erkannten viele, dass es ihnen gar nicht so schwerfiel und dass die wichtige Arbeit auch noch ein paar Minuten länger warten konnte. An einem solchen Tag, an dem sie mit dem Maximalansatz nie auf die Idee gekommen wären, überhaupt zu trainieren, absolvierten sie so die wichtigen wenigen Minuten an körperlicher Betätigung, die einen gewaltigen gesundheitlichen Unterschied machen. Und was noch viel wichtiger war: Sie blieben dauerhaft dabei.

Deshalb unser Rat an Sie:

Wenn Sie Ihre Umsetzungsziele definieren, verfolgen Sie den Minimalansatz! Stellen Sie sich eine extrem arbeitsreiche Woche vor und überlegen Sie: „Was und wie viel von meinen Vorsätzen kann ich trotzdem umsetzen?“ Nehmen Sie sich nur diese Dinge vor und setzen Sie diese konsequent um!

Visualisierung Einen weiteren wichtigen Trick, um den inneren Schweinehund zu überwinden, haben wir im Kapitel „Mentale Kompetenz“ beschrieben: die Visualisierung des Zustandes, an dem wir unser Ziel erreicht haben.

Lassen Sie uns als Beispiel die alljährlich zu erledigende Steuererklärung nutzen. Es gibt sehr wenige Menschen, die diese Tätigkeit gerne ausführen. Deshalb ist sie wohl auch eine der am meisten verschobenen Tätigkeiten überhaupt. Haben wir die Arbeit dann endlich hinter uns gebracht und die Erklärung abgeschlossen, geht es uns wieder gut. Stellen Sie sich den Zeitpunkt vor, an dem Sie die fertiggestellte Erklärung in den Briefkasten werfen oder online ans Finanzamt schicken und sich von dieser Last befreit haben. Fühlt es sich nicht gut an?

Genau darum geht es in der Visualisierung. Wollen Sie beispielsweise aufhören zu rauchen, visualisieren Sie so häufig und intensiv es geht das Gefühl teerfreier vitaler Lungen, gesunder Haut und eines fitten Körpers.

Lenken Sie Ihre Aufmerksamkeit weg von der zu erledigenden Aufgabe und hin zum Ergebnis. Fühlen Sie sich so intensiv wie möglich in den Zustand hinein, den Sie erreichen, wenn Sie die Dinge umgesetzt haben, die Sie sich vorgenommen haben. Baden Sie in dieser Vorstellung und diesem Gefühl.

Wenn-dann-Pläne Können Sie sich vorstellen, wie groß der innere Schweinehund eines Bergsteigers sein kann, noch weiter zu klettern, wenn er sich bei einer Himalaja-Expedition auf 7000 Meter Höhe befindet, körperlich aufs Letzte erschöpft ist, kaum mehr Sauerstoff erhält und den ganzen Tag gegen Eiseskälte und Schneestürme ankämpft? Wahrscheinlich ist er riesig! Trotzdem schaffen es manche Menschen sogar in solchen Extremsituationen, ihre Vorhaben konsequent umzusetzen.

Bekanntermaßen verwenden diese Menschen zusätzlich zur Visualisierung ein weiteres wichtiges Werkzeug zum Überwinden des Schweinehundes. Sie bedienen sich sogenannter Wenn-dann-Pläne. Diese Pläne lassen sie bereits im Vorfeld entscheiden, wie sie in bestimmten Situationen handeln werden. Sie müssen dann nicht mehr ständig überlegen, ob es in einem Moment gerade angenehm ist, so zu handeln oder nicht. Gute Wenn-dann-Planer entscheiden sich im Vorfeld, wie sie handeln wollen, und beginnen nicht, in jeder zweifelhaften Situation darüber nachzudenken, welche alternativen Handlungsweisen sie gerade noch zur Verfügung haben. Sie suchen dann nicht nach Gründen, warum es gerade in diesem Moment nicht opportun ist zu joggen, sie handeln einfach!

Hier drei Beispiele für effektive Wenn-dann-Pläne:

1. „Wenn ich morgens aufwache, ziehe ich mir meine Laufschuhe an und gehe joggen – egal wie das Wetter ist oder wie ich mich gerade fühle."
2. „Wenn ich etwas zwischen den Mahlzeiten trinke, ist es Wasser und kein zuckerhaltiges Getränk."
3. „Wenn ich die Wahl zwischen Aufzug und Treppe habe, nehme ich immer die Treppe."

Was auch immer Sie sich vornehmen, Sie erhöhen Ihre Umsetzungswahrscheinlichkeit erheblich, wenn Sie die oben geschilderten Grundsätze befolgen. Erinnern Sie sich an Ihre Vorsätze, indem Sie ein mentales Tagebuch führen und Primes in Ihrem Leben installieren. Überwinden Sie den inneren Schweinehund, indem Sie den Minimalansatz verfolgen, regelmäßig den Zielzustand visualisieren und Wenn-dann-Pläne formulieren.

Beginnen Sie heute und verfolgen Sie Ihre Vorsätze dann mindestens 40 Tage. Nach dieser Phase können Sie bereits erste Erfolge spüren.

Und bei allen Vorsätzen vergessen Sie nie: „Glück ist nicht, wenn wir alles bekommen, was wir wollen. Wahres Glück ist vielmehr, alles zu wollen, was wir bekommen!"

Wir wünschen Ihnen alles erdenkliche Glück und viel Freude in Ihrem Leben.

Ihr Herbert Forster und Ihr Philip Janda

Entspannung für die Ohren – die Audiodateien

www.romesystem.de/vorbereitung

Tipps zu Vorbereitung und Durchführung

Genießen Sie Ihre Entspannungsübungen. Hier finden Sie die wichtigsten Tipps zur Vorbereitung und Durchführung.

www.romesystem.de/pmr-langversion

Progressive Muskelrelaxation – Langversion

Die Progressive Muskelrelaxation ist der ideale Start in die Entspannungstechniken! Hier leiten wir Sie gerne in der Langversion an.

www.romesystem.de/pmr-kurzversion

Progressive Muskelrelaxation – Kurzversion

Für die Kurzentspannung zwischendurch. Hier erfahren Sie, wie Sie die Kurzversion der PMR ausführen.

www.romesystem.de/kerzenmeditation

Kerzenmeditation

Mit der Kerzenmeditation finden Sie zu innerer Ruhe und tiefem Wohlbefinden.

www.romesystem.de/dankbarkeitsmeditation

Dankbarkeitsmeditation

Das Gefühl der Dankbarkeit wirkt heilend und gibt uns Kraft. Lassen Sie sich hierzu anleiten und genießen Sie die Stille.

www.romesystem.de/atementspannung

Atementspannung

Lernen Sie hier, wie Sie Ihren Körper und Geist mithilfe der Atmung entspannen und spürbar erholen können.

www.romesystem.de/happy-place-gedankenanleitung

Happy Place – Gedankenanleitung

Aktivieren Sie positive Ressourcen in Ihrem Unterbewusstsein und erwecken Sie mit dieser Gedankenanleitung ein inneres Lachen.

www.romesystem.de/tagesvorbereitung

Tagesvorbereitung

Der richtige mentale Start in den Tag! Wie Sie am Morgen die Weichen für einen positiven Tag stellen können.

Anhang

Wenn Sie sich eingehender mit dem einen oder anderen Aspekt beschäftigen möchten, finden Sie hier eine Auswahl empfehlenswerter Bücher.

Lesetipps

Chinmoy, Sri: Sport & Meditation, Sri Chinmoy Verlag 1990
Chopra, Deepak: Das Tor zu vollkommenem Glück, Knaur Verlag 2004
Covey, Stephen R.: The 7 habits of highly effective people, Fireside 1990
Frankl, Viktor E.: „... trotzdem Ja zum Leben sagen", dtv 2007
Goleman, Daniel: Emotional Intelligence, Bantam Books 1995
Hansch, Dietmar: Erfolgsprinzip Persönlichkeit, Springer Verlag 2009
Hempen, Carl-Hermann: Akupunktur, dtv 2004
Kabat-Zinn, Jon: Gesund durch Meditation, Fischer Verlag 2007
Kaluza, Gert: Gelassen und sicher im Stress, Springer Verlag 2007
Liang, Shou-Yu& Wu, Wen-Ching: Tai Chi Chuan – 24 & 48 Postures with martial applications, YMAA 1996
Malik, Fredmund: Führen, Leisten, Leben, DVA 2000
Roth, Gerhard: Aus Sicht des Gehirns, Suhrkamp 2009
Schulz von Thun, Friedemann: Miteinander reden, Rowohlt Verlag 2008
Servan-Schreiber, David: Die Neue Medizin der Emotionen, Goldmann Verlag 2006
Steveling A. et al: Repetitorium Akupunktur, Hippokrates Verlag 2010
Storch, Maja: Machen Sie doch, was Sie wollen, Verlag Hans Huber 2010